Grille dein Gemüse!

Das ultimative Grillbuch
für eine gesunde, pflanzliche Ernährung
mit Gemüse und Obst

150 köstliche Rezepte

für Vegetarier, Veganer
und Liebhaber einer gesunden Küche

von

Carola Schürmann

Inhaltsverzeichnis

Einleitung

Immer, wenn draußen die Temperaturen sommerlich werden, steigt bei vielen Menschen die Lust auf das Grillen. Diese Art der Speisenzubereitung macht nicht nur Spaß, sondern man kann sie über mehrere Stunden hinweg mit Freunden genießen und das Essen in Ruhe zubereiten.

Beim Grillen hat man den Vorteil, dass man allerlei Zutaten auf die unterschiedlichste Art und Weise garen kann. Dabei eignen sich vor allem Obst und Gemüse dazu, neue Kreationen zu wagen und vollkommen neue Geschmackserlebnisse wahrnehmen zu können.

Wenn du Obst und Gemüse grillen möchtest, wirst du feststellen, wie lecker und zudem gesund diese Lebensmittel sind. Du hast die Option, das Gemüse pur zu grillen, es zu marinieren und leckere Dips dazu herzustellen.

In diesem Buch findest du alle Informationen zu den unterschiedlichen Grillmethoden und viele leckere Rezepte, die zum Probieren und Genießen einladen.

Dabei handelt es sich bewusst um ein veganes und vegetarisches Grillbuch. Vermutlich denken die meisten Menschen an dieser Stelle zunächst an die bekannte Folienkartoffel oder den gegrillten Maiskolben. Die vegane und vegetarische Ernährung hat aber noch weitaus mehr zu bieten. Auch Gemüse wie die Artischocke oder die Avocado kannst du grillen und vieles andere ebenfalls. Das wird zu einem echten Highlight bei deinem Grillabend.

Wenn du dich dafür entscheidest, vegan oder vegetarisch zu grillen, wählst du bewusst eine gesündere Ernährungsform, denn mit der Aufnahme von Fleisch nimmt man meistens automatisch Medikamente und Antibiotika auf, welche den Tieren zugeführt worden sind. Es sei denn, du hast eine sichere Bio-Quelle für Fleisch, der du vertraust. Aber es gibt bereits so viele Grillbücher mit Fleischgerichten, deshalb soll dir dieses hier eine neue Welt eröffnen und dich dazu anregen, mehr Gemüse und Obst zu grillen.

Natürlich möchte ich an dieser Stelle beliebte vegetarische und vegane Grillalternativen aus der Industrie nicht unerwähnt lassen. Es ist natürlich leicht, sich im Supermarkt eine fleischlose Wurst, Soja- oder Jackfruit-Geschnetzeltes oder ein Tofu-, Lupinen-, Seitan- oder anderes fleischfreies Steak zu kaufen. Da dies jedoch ziemlich einfach ist und keine weitere Hilfestellung erfordert, konzentriere ich mich auf frisches Gemüse und Obst. Sollte Tofu oder Ähnliches im Rezept inkludiert sein, dann ist die Gesamtkombination so lecker, dass sie es in das Buch geschafft hat. Letztendlich kann man auf solche industrielle Nahrung verzichten, insbesondere, wenn man sich gesund und vollwertig ernähren möchte.

Sobald du dieses Buch liest, wirst du sehen, wie vielseitig diese Art zu Grillen sein kann und dass der Genuss von Fleisch überhaupt nicht notwendig ist. Selbstverständlich kannst du die Rezepte in diesem Buch genauso gut mit Fleischgerichten kombinieren. Diese Entscheidung liegt ganz und gar bei dir.

Ich freue mich, wenn du anhand dieses Buches öfter mal etwas „Grünes" grillst.

Deine

Carola Schürmann

Was ist wichtig beim Grillen?

Wer grillen möchte, kann dazu unterschiedliche Arten von Grills nutzen. Die Auswahl ist abhängig davon, wie viel Platz einem zum Grillen zur Verfügung steht, welche persönlichen Vorlieben man hat und an welchem Ort man grillen möchte. Zudem bedeutet ein größerer Grill immer einen schnelleren Grillerfolg. Einige Grundregeln gelten jedoch für alle Arten des Grillens gleichermaßen:

Die Kleidung

Gerade, wenn du im Freien grillen möchtest, ist es immer sinnvoll, dass du festes Schuhwerk und Handschuhe trägst, um Verletzungen oder ein Wegrutschen zu vermeiden.

Die Sauberkeit

Der Umgang mit dem Grill ist zugleich ein Umgang mit Lebensmitteln. Genau deshalb solltest du den Grill unbedingt nach jeder Nutzung gründlich reinigen. Dafür kannst du eine Bürste einsetzen, um den Rost von Grillresten befreien zu können. Wenn du dir diese Arbeit ein wenig erleichtern möchtest, ist zu empfehlen, dass du den Grillrost vor der Benutzung einfach mit etwas Öl einreibst, denn so bleiben weniger Rückstände daran haften. Die Asche im Inneren des Grills kannst du nach dem Abkühlen einfach mit einem Handfeger und einer Schaufel entfernen.

Das Zubehör

Wer grillen möchte, sollte die entsprechende Ausrüstung besitzen. Dazu kannst du einige Produkte im Fachhandel oder online kaufen. Folgende Artikel solltest du berücksichtigen:

Die Grillschürze

Durch die Grillschürze erreichst du, dass deine Kleidung immer sauber und geschützt bleibt. Zudem besitzen viele Grillschürzen Taschen, in denen du nützliches Zubehör unterbringen kannst.

Die Grillhandschuhe

Deine Grillhandschuhe bieten dir den richtigen Schutz beim Grillen. Denn hierbei hast du es immer mit hohen Temperaturen zu tun, was leicht zu Verbrennungen führen könnte, wenn du ohne Handschuhe arbeitest.

Die Abdeckhaube

Gerade, wenn du im Freien grillst, ist der Einsatz einer Abdeckhaube oft sehr sinnvoll. Zunächst schützt sie dein Grillgut davor, durch herumfliegenden Staub verunreinigt zu werden. Zudem kann der Garprozess beeinflusst werden, weil die Hitze rundherum über deinen Lebensmitteln gehalten wird, was zu einem beschleunigten Grillen führt.

Die Grillzange und Palette

Beim Grillen ist die Grillzange ganz wichtig, weil du damit dein Obst und Gemüse gut auf dem heißen Grill platzieren und es auch wieder entnehmen kannst. Kaufst du dir noch zusätzlich eine Palette, dann kannst du darauf dein Grillgut platzieren und neben den Grill stellen, um es einsetzen zu können, wenn die richtige Temperatur erreicht worden ist. Grillpaletten eignen sich vor allem für Grillgut, das leicht zerfallen könnte, wie zum Beispiel Burger-Patties oder Obstspieße.

Grillbürste

Die Grillbürste kommt erst zum Einsatz, wenn das Grillen bereits abgeschlossen ist. Denn sie ist speziell mit Borsten aus Messing oder Kupfer gefertigt, damit du die Grillstäbe ideal reinigen kannst.

Burgerpresse

Die Burgerpresse kannst du dir kaufen, musst es aber nicht. Sie bietet den Vorteil, dass du dir Burger in die gleiche Größe pressen kannst, wodurch auch die Garzeiten bei allen Patties gleich sein werden.

Holzkohle und Grillanzünder

Nicht jeder kann ein Feuer einfach mit etwas Holz entfachen. Deshalb kannst du dir Grillanzünder kaufen, die du anzündest und auf die Kohlen oder das Holz legst, um das Feuer entfachen zu können. Die Holzkohle bietet den Vorteil, dass sie nach dem Abbrennen eine Glut erzeugt, auf der man immer noch grillen kann.

Grillkorb oder -netz

Das entspannteste Grillen von Gemüse erzielst du mit einem Grillkorb oder -netz. Das sind speziell für das Grillen gefertigte Hilfsmittel, die es dir ermöglichen, dein Grillgut geschützt auf dem Grill zu platzieren. Das ist vor allem bei einem Grill mit Rost sinnvoll, damit das Gemüse nicht hinunterfallen kann. Die Netze oder Körbe haben Löcher oder bestehen aus einer netzartigen Struktur. Der Vorteil ist außerdem, dass du das Grillgut mit einem Handgriff wenden kannst und nicht mit jedem Gemüsestück einzeln herumbalancierst.

Spieße

In vielen Rezepten – und es gibt dazu sogar einen eigenen Rezeptteil – helfen Spieße dabei, das Grillgut zusammenzuhalten. Selbstverständlich gibt es da auch viele verschiedene Varianten. Die

Palette reicht von Metall-, Holz- und Bambusspießen bis hin zu Spießen aus Rosmarinstängeln. Eine Grundausstattung an Spießen (gern unterschiedliche) sollten in deinem Haushalt vorhanden sein, damit du auch mal spontan grillen kannst.

Ich selbst habe mehrere Varianten zu Hause und je nach Gericht entscheide ich, welche ich einsetze. Bei Holz- und Bambusspießen empfiehlt es sich, die Spieße vor der Verwendung kurz in Wasser einzulegen, damit sie nicht so schnell anbrennen.

Wie kann man grillen?

Der Holzkohlegrill

Vermutlich kann man den Holzkohlegrill als Klassiker beim Grillen bezeichnen. Hierbei hast du offenes Feuer, die Glut und das Raucharoma. Übrigens: Die meisten Deutschen grillen mit Holzkohle.

So funktioniert ein Holzkohlegrill

Der Holzkohlegrill wird mit Holz oder alternativ mit Kohle betrieben. Das Holz kann man kaufen oder auch selbst sammeln. Wenn du das Holz angezündet hast, legst du noch kein Grillgut auf, denn hierfür wird die Glut genutzt, die erst entsteht, wenn das Holz etwas abgebrannt ist. Beim Holzkohlegrill ist eine Temperaturregulierung recht schwierig, denn diese wird allein durch die Luftzufuhr beeinflusst. Das bedeutet: Je mehr Luft du an das Feuer lässt, desto heißer wird es werden.

Ich kann mich noch erinnern, wie mein Vater früher auf der Terrasse vor seinem Grill stand und mit einem Blasebalg oder einer Zeitung den Kohlen Luft zugefächelt hat. Da hat die Entwicklung zum Glück nicht haltgemacht, denn die meisten grillen inzwischen mit einem Anzündkamin. Das ist eine Stahlkonstruktion, die es ermöglicht, die Kohlen schneller zum Glühen zu bringen. Dazu füllt man oben die Kohlen hinein und macht darunter ein kleines Feuer. Durch die Form des Kamins und die Luftlöcher werden die Kohlen schneller heiß und man kann sie nach kurzer Zeit glühend in den Grill schütten.

Zum Anzünden verwende bitte keinen Alkohol, Spiritus oder Benzin, sondern handelsüblichen Grillanzünder aus Holzwolle oder als Würfel oder Flüssigkeit.

Die Grilltechniken beim Holzkohlegrill

Sobald du einen Holzkohlegrill verwendest, wirst du nur das direkte Grillen umsetzen können. Das bedeutet, dass das Grillgut direkt über der Glut oder dem Feuer ist. Möchtest du dein Grillgut indirekt grillen, dann musst du es ganz an den Rand des Grillrostes legen, in einen Bereich, unter dem sich keine Flammen befinden. Das ist je nach Modell allerdings gar nicht so leicht umzusetzen. Setzt du Kohlen zum Grillen ein, kannst du das beeinflussen, indem du nur einen Teil des Bodens mit den Kohlen bedeckst.

Es gibt Holzkohlegrills in vielen verschiedenen Ausführungen, zum Beispiel als Kugelgrill, Säulengrill, Schwenkgrill, Rundgrill, Grillwagen oder Smoker.

Vorteile eines Holzkohlegrills

- ✓ Beliebteste Grillart
- ✓ Es gibt unzählige Arten von Holzkohlegrills, da wird jeder das passende Modell finden
- ✓ Die Höhe des Grillrostes ist verstellbar
- ✓ Du benötigst weder Strom noch Gas, was dich flexibler macht
- ✓ Es kann mit guter Holzkohle sehr lange gegrillt werden

Nachteile eines Holzkohlegrills

- ✓ Da es sich um offenes Feuer handelt, muss man sehr achtsam sein, insbesondere, wenn Kinder dabei sind. Es besteht immer Brandgefahr.
- ✓ Verwendest du Kohlen, dauert die Vorbereitungszeit länger, ebenso die Zeit zum Abkühlen.
- ✓ Die Temperaturregulierung ist recht schwierig
- ✓ Starke Rauchentwicklung
- ✓ Nur im Außenbereich geeignet
- ✓ Die Asche muss entsorgt werden und die Reinigung ist aufwendiger

Beachte den Standort

Wenn du mit einem Holzkohlegrill grillen möchtest, dann spielt der Standort, den du wählst, eine wichtige Rolle. Denn hierbei hast du es mit offenem Feuer zu tun, weshalb einige Sicherheitsmaßnahmen zu beachten sind. Der Holzkohlegrill muss sicher und stabil stehen. Es darf weder zu Wackeln noch zu einem Umkippen kommen. Die einzelnen Konstruktionsteile des Holzkohlegrills müssen wirklich fest miteinander verbunden sein. In der Nähe des Grills sollten sich keine brennbaren Materialien befinden, die womöglich Feuer fangen könnten.

Um den Gasgrill betreiben zu können, benötigst du Flüssiggasflaschen. Hierfür kommen Propan oder Butan in Frage. Es gibt außerdem Gasflaschen, in denen du ein Gemisch aus beiden Varianten vorfinden wirst. Mit Hilfe eines Schlauchsystems wird das Gas dann zu den Brennern geleitet. Diese lassen sich durch Knöpfe individuell steuern, das heißt, du kannst die Temperatur unterschiedlich einstellen.

So funktioniert ein Gasgrill

Beim Gasgrill sind die Grillarten davon abhängig, für welches Modell man sich entscheidet. Wenn du dir einen Gasgrill mit nur einem Brenner kaufst, dann wirst du nur das direkte Grillen umsetzen können. Bei Varianten mit mehreren Brennern kannst du direkt und indirekt grillen. Zudem werden für Gasgrills jede Menge Produkte als Zubehör angeboten. Hier musst du dir überlegen, was genau du denn wirklich benötigen wirst.

Gerade der Umgang mit Gas sollte achtsam durchgeführt werden. Wenn du dir Gasflaschen kaufen möchtest, achte bitte auf das Prüfsiegel in Form der CE-Kennzeichnung.

Vorteile des Gasgrills

- ✓ Es kommt weder zu Rauch- noch Geruchsentwicklung, dadurch ist dieses Grillen grundsätzlich gesünder
- ✓ Schnell einsatzbereit, da ein langes Anzünden entfällt
- ✓ Du kannst die Nutzung der Hitze besser variieren
- ✓ Einfachere Reinigung

Nachteile des Gasgrills

- ✓ Es entsteht kein typisches Grillaroma (wobei die echten Gasgrillfreunde das natürlich bestreiten. Belassen wir es hierbei: Man sagt mitunter, dass der Gasgrill kein typisches Grillaroma entwickelt.)
- ✓ Vor der Inbetriebnahme müssen Schläuche und Anschlüsse aus Sicherheitsgründen überprüft werden
- ✓ Es sollten immer Ersatzgasflaschen vorhanden sein
- ✓ Kostenintensiver als andere Varianten
- ✓ Wenig Mobilität

Es gibt sehr viele Fans von Gasgrills. Unbestreitbarer Vorteil ist ein schnelleres Grillen und die höhere Sauberkeit. Echte Fans des Grillens mit Kohle wollen davon aber nichts hören. Sie schwören auf das Raucharoma, wenn Feuer im Spiel ist. Am besten du lädst dich bei Freunden ein und testest beides aus, falls du nicht schon einen Grill hast oder mit einem neuen sympathisierst.

Selbst, wenn dir nur wenig Platz zur Verfügung steht, hast du immer noch die Möglichkeit zu grillen. Das geht sogar auf dem heimischen Balkon, wenn du einen Elektrogrill einsetzt. Diese sind recht einfach zu bedienen, bieten dafür aber nicht wirklich viel Platz für das Grillgut.

So funktioniert ein Elektrogrill

Der Elektrogrill wird mit Strom betrieben. Im Inneren befinden sich Heizspiralen oder Grillplatten, die durch eigene Heizelemente, welche zusätzlich integriert sind, aufgeheizt werden. Beim Grillen selbst gelangen weder Saft noch Fett in die Bauteile, die für die Hitzeentwicklung zuständig sind, weshalb bei dieser Grillart nur selten Rauch oder Geruch entsteht. Das ist der Grund dafür, warum du einen Elektrogrill sogar in deiner Küche einsetzen kannst, wenn das Wetter das Grillen draußen nicht zulassen würde.

Die Grilltechniken beim Elektrogrill

Der Elektrogrill ist recht einfach gebaut und kostet meistens auch nicht viel. Bei vielen Modellen kannst du nur das direkte Grillen einsetzen, doch es gibt ebenfalls einige Varianten, mit denen sich das indirekte Grillen umsetzen lässt. Du solltest dich also vor dem Kauf für eine Variante entscheiden. Zudem gibt es einige teurere Elektrogrills, bei denen du zusätzlich einen Deckel und Ablageflächen vorfindest.

Vorteile des Elektrogrills

- ✓ Die Anwendung ist einfach, schnell und sicher
- ✓ Gesunde, schonende Zubereitung möglich
- ✓ Du kannst drinnen und draußen grillen
- ✓ Elektrogrills kannst du zu einem günstigen Preis kaufen
- ✓ Keine Rauchentwicklung
- ✓ Einfache Reinigung

Nachteile des Elektrogrills

- ✓ Zum Grillen brauchst du immer eine Stromquelle, wie eine Steckdose
- ✓ Die Grillroste sind oft nicht besonders groß
- ✓ Das Grillen wird durch den Stromanschluss unflexibel
- ✓ Lange Zubereitung bei leistungsschwachen Modellen
- ✓ Kein typisches Grillaroma

So funktioniert ein Pelletgrill?

Ein Pelletgrill besitzt eine Förderschnecke im Inneren. Durch diese werden die Pellets zur Brennkammer gebracht. Du hast die Option, die Temperatur am Pelletgrill einzustellen, was dann die Geschwindigkeit der Förderschnecke beeinflusst. Die Pellets selbst werden in einen Behälter gefüllt, welcher an der Seite des Grills angebracht ist. Dabei gibt es eine automatische Steuerung und du musst dich nicht mehr darum kümmern, wie viele Pellets wann in den Grill befördert werden. Denn je nachdem, welche Temperatur du einstellst, werden mehr oder weniger Pellets in den Grillraum transportiert. Dein Grillgut legst du wie gewohnt auf dem Grillrost auf.

Die Grilltechniken beim Pelletgrill

Der Pelletgrill kann gut als Alternative zum Smoker eingesetzt werden. Bei dieser Variante kannst du Temperaturen von 75° C bis 230 °C einstellen.

Vorteile des Pelletgrills

- ✓ Grillen ist recht einfach
- ✓ Du kannst die Temperatur ideal regulieren

Nachteile des Pelletgrills

- ✓ Pelletgrills sind relativ teuer
- ✓ Durch das hohe Gewicht ist ein Pelletgrill unflexibel

So funktioniert ein Keramikgrill?

Wenn du dir einen Keramikgrill kaufst, dann benötigst du zum Betrieb Holzkohle. Die Keramik des Grills ermöglicht im Gegensatz zum Holzkohlegrill eine hohe Wärmespeicherung. Temperaturen können über Stunden hinweg konstant gehalten werden. Beim Keramikgrill wird der gesamte Außenbereich des Grills aus Keramik gefertigt, während sich im Inneren wie gewohnt eine Schale für die Holzkohlen und ein Grillrost befinden. Durch den Vorteil, dass die Keramik die Wärme lange speichern kann, kannst du mit diesem Grill nicht nur grillen, sondern auch dämpfen und schmoren.

Die Grilltechniken beim Keramikgrill

Mit dem Keramikgrill kannst du normal grillen oder wie im Smoker grillen.

Vorteile des Keramikgrills

- ✓ Temperaturen lassen sich konstant halten

Nachteile des Keramikgrills

- ✓ Sind sehr teuer in der Anschaffung
- ✓ Sind relativ schwer und deshalb schwierig zu transportieren
- ✓ Es bedarf ein bisschen an Planung, da es einen Moment dauert, bis der Grill heiß genug zum Grillen ist

Solltest du im eigenen Garten grillen wollen, dann kannst du dort jede Art von Grill platzieren. Möchtest du nun allerdings an einem anderen Ort grillen, dann eignet sich der Holzkohlegrill dafür am besten, weil dieser gut transportabel ist, keine Stromquelle benötigt und auch nicht zu schwer ist. Der Holzkohlegrill hat im Gegensatz zum Gasgrill und Pelletgrill den Nachteil, dass du die Temperaturen hierbei nicht wirklich einstellen kannst. Allerdings sind alle Arten von Grills für das Garen von Obst und Gemüse geeignet.

Warum sollte man Gemüse grillen und wie geht man vor?

Bei Gemüse gibt es die unterschiedlichsten Sorten, auf die man zurückgreifen kann. Zunächst denkst du im Zusammenhang mit Grillen vermutlich an die Folienkartoffel. Dabei kannst du ebenso Artischocken, Avocados, Lauch, Pilze, Paprika und viele andere Gemüsesorten auf den Grill legen und zusammen mit leckeren Dips genießen. Wenn du dich dazu entscheidest, Gemüse zu grillen, dann führst du deinem Körper immer viele Nährstoffe zu, die er gut nutzen kann. Das Gemüse kannst du im nächsten Supermarkt oder auf dem Hof eines Bauern kaufen. Hier stehen oft Schilder, die auf einen Hofladen hinweisen. Kaufst du direkt beim Bauern Bioprodukte ein, dann weißt du sicher, dass diese frei von schädlichen Stoffen sind, die sonst oft zum Schutz der Lebensmittel gespritzt werden. Außerdem ist der Geschmack von Bioware deutlich intensiver und besser als von Obst und Gemüse, welches du im Supermarkt kaufen kannst.

Wie grillst du Gemüse richtig?

Bevor du mit dem eigentlichen Grillen deines Gemüses beginnen kannst, solltest du einige Vorbereitungen treffen:

- ✓ Solltest du Knollengemüse, Maiskolben, Möhren oder Kartoffeln grillen wollen, dann ist es am besten, wenn du diese in einem Topf mit heißem Wasser erst 10 Minuten vorkochst. Das dient dazu, die Grillzeit etwas zu verkürzen. Es empfiehlt sich, Brokkoli, Blumenkohl und Fenchel vor dem Grillen 3 Minuten im heißen Wasser zu blanchieren.
- ✓ Das Gemüse muss immer gewaschen werden, bevor du es verwenden kannst. Danach schneidest du es in Stücke, damit du es auf dem Grill platzieren kannst. Die meisten

Gemüsesorten sind innerhalb von 10 Minuten fertig gegart.

- ✓ Beim Garen von Gemüse kann man den Geschmack verändern, indem man eine Marinade oder entsprechende Gewürze verwendet. Wichtig ist außerdem, dass du ein gutes Salz kaufst, das du zum Grillen verwenden kannst. Meersalz eignet sich sehr gut zum Grillen, weil es intensiv im Geschmack ist und du zum Grillen nur eine kleine Menge benötigen wirst.
- ✓ Auch die Wahl deines Öls kann entscheidend sein. Denn es gibt hier die unterschiedlichsten Varianten, welche sich entsprechend auf den Geschmack auswirken können. Es ist immer sinnvoll, das Gemüse vor dem Grillen einzuölen, damit es auf dem Grill dann nicht austrocknet. Am besten verwendest du neutrales Pflanzen- oder Rapsöl, weil es hohe Temperaturen aushält und sich nicht auf den Geschmack auswirkt. Bei einigen Rezepten wirst du Olivenöl entdecken. Dies ist aber nur dann der Fall, wenn das Olivenöl geschmacklich zum Gemüse passt und dieser individuelle Geschmack erwünscht ist.
- ✓ Der Klassiker beim Grillen besteht aus Gemüse, das außen schwarz und innen noch ganz roh ist. Dem kannst du aber entgegenwirken. Am besten grillst du Gemüse bei indirekter Hitze und einer Temperatur, die zwischen 150 °C und 220 °C liegt. Außerdem darfst du dein Gemüse niemals direkt auf den Grill legen, wenn die Flammen noch hoch züngeln. Diese sollten das Gemüse nicht berühren. An dieser Stelle kann dir ein Grillthermometer helfen, das du verwenden kannst, um die Temperaturen im Inneren des Gemüses zu kontrollieren. Wenn du zum ersten Mal grillst, kann es dennoch zum Anbrennen von Gemüse oder Obst kommen, weil du die Lebensmittel zu schnell auf dem Grill platziert hast. Hier ist es ähnlich wie beim Kochen, die Erfahrung kommt mit der Zeit und du wirst lernen, wann du deine Produkte auflegen musst, damit du sie so grillen kannst, wie du es dir wünschst. Um weiteres Anbrennen zu verhindern, hilft häufiges

Wenden. Noch ein kleiner Tipp: Wenn du kein Grillthermometer hast, kannst du die Temperatur durch deine Hand erfühlen. Dazu hältst du die Hand circa 10 cm über den Grill. Wenn du die Hand in dieser Höhe für 6 - 10 Sekunden halten kannst, ohne dass es dir zu heiß ist, hast du die ideale Temperatur zum Grillen von Gemüse und Obst erreicht.

- ✓ Beim Grillen besteht zudem die Option, verschiedene Hilfsmittel einsetzen zu können. So kannst du dein Gemüse in Alufolie oder in einen Grillkorb packen, was den Vorteil hat, dass nichts vom Rost fällt und du es einfach wieder vom Grill nehmen kannst. Oder du überlegst, ob du das Gemüse nicht gleich auf einem Spieß platzieren möchtest, den du dann im Gesamten vom Grill nehmen kannst. Möchtest du keine Alufolie verwenden, kannst du alternativ eine Auflaufform aus Keramik benutzen.

- ✓ Solltest du mehrere Gemüsesorten gleichzeitig grillen wollen, achte auf die Garzeiten, damit wirklich alle Speisen zeitgleich verzehrbar sind. Das spielt vor allem bei Spießen eine Rolle. Nimmst du härtere Gemüsesorten wie Möhren, Paprika oder Kartoffeln, so benötigen diese eine längere Garzeit, als es bei weichem Gemüse wie Tomaten oder Pilzen der Fall wäre.

- ✓ Beim Grillen von Gemüse solltest du darauf achten, dass dieses nicht zu feucht ist, denn dann kann es zu schnell matschig werden. Um sicherzugehen, dass heruntertropfende Säfte nicht ins Feuer gelangen und einen Brand verursachen, kannst du das Gemüse in Alufolie oder einer Auflaufform garen.

- ✓ Einige Gemüsesorten wie Paprika und Knoblauch vertragen zu große Hitze nicht gut und werden dann bitter.

- ✓ Besonders gut zum Marinieren geeignet sind Zucchini, Paprika, Spargel und Auberginen.

Vorbereitungen und Grillzeiten

Die Temperaturangaben sind Hinweise für dich, denn du kannst beim Grillen die Temperatur mit einem Grillthermometer nachkontrollieren. Erfahrungsgemäß machen das aber die wenigsten Menschen. Stattdessen gewinnt man beim Grillen selbst Erfahrung und ein Gefühl dafür, wann man welches Obst oder Gemüse auflegen muss. Wenn man zudem sieht, dass sich das Gemüse bereits verfärbt, wird man es eher vom Grill nehmen und sich nicht an die Zeitangaben halten. Du solltest also beim Grillen dein Grillgut immer im Auge behalten.

Artischocke

Grundsätzliches:

Wenn du die Artischocke grillst, erhältst du einen herben, aromatischen Geschmack.

Vorbereitung:

1. Artischocke putzen und den Strunk entfernen.
2. Artischocke der Länge nach halbieren.
3. Auf den Deckel (den oberen Bereich) der Artischocke mit der Hand drücken, damit sie leicht auseinandergeht und mit Zitronensaft beträufeln.
4. Salzen und mit Öl einstreichen.

Zubereitung:

- ✓ Die Artischocke beim Grillen mit der Schnittfläche nach unten legen.
- ✓ Für 15-20 Minuten bei 175 °C grillen.

Aubergine

Grundsätzliches:

Sobald du die Aubergine grillst, wirst du bemerken, dass hierbei leichte Röstaromen entstehen werden. Auberginen lassen sich gut mit Grillmarinaden würzen.

Vorbereitung:

1. Aubergine waschen und abtrocknen.
2. Aubergine der Länge nach und der Breite nach in Scheiben von 2 cm Dicke schneiden.
3. Mit Öl einstreichen.
4. Salzen und pfeffern.

Zubereitung:

- ✓ Für 4-5 Minuten bei 200-220 °C grillen.

Avocado

Grundsätzliches:

Avocados eignen sich zum rohen Verzehr, du kannst sie aber genauso gut grillen oder eine Guacamole daraus herstellen.

Vorbereitung:

1. Avocado waschen und abtrocknen.
2. Avocado der Länge nach halbieren.
3. Kern aus der Avocado entfernen.
4. Die aufgeschnittenen Seiten der Avocado mit Öl einstreichen.

Zubereitung:

- ✓ Avocado mit der Schnittfläche nach unten für 3-5 Minuten bei 170-200 °C grillen.

Blumenkohl

Grundsätzliches:

Blumenkohl kennst du sicher als gekochtes Gemüse. Allerdings kannst du hiermit auch wunderbare und schmackhafte Blumenkohlsteaks herstellen.

Vorbereitung:

1. Blumenkohl putzen.
2. Kohl in Röschen zerteilen.
3. Blumenkohl in einem Topf mit Salzwasser für 5 Minuten blanchieren und danach mit Eiswasser abschrecken. Dadurch ist der Blumenkohl noch nicht weichgekocht und lässt sich noch gut in Scheiben schneiden. Der restliche Garprozess wird dann auf dem Grill fortgesetzt.
4. Röschen gut abtropfen lassen und in Scheiben von 1 cm Dicke schneiden.
5. Blumenkohl von beiden Seiten mit Öl bestreichen.
6. Salzen und pfeffern.

Zubereitung:

- ✓ Blumenkohlscheiben für 4-5 Minuten bei 200 °C von jeder Seite grillen.

Brokkoli

Grundsätzliches:

Der Brokkoli entwickelt beim Grillen schmackhafte Röstaromen. Dafür ist es am besten, wenn du ihn vorher kräftig würzt.

Vorbereitung:

1. Brokkoli putzen und in Röschen zerteilen.
2. In einem Topf mit Salzwasser für 3-5 Minuten garen und dann mit Eiswasser abschrecken.
3. Brokkoli gut abtropfen lassen und dann mit Öl mischen.
4. Salzen und pfeffern.

Zubereitung:

✓ Brokkoli für 6-8 Minuten bei 180-200 °C von jeder Seite grillen.

Fenchel

Grundsätzliches:

Fenchel kennst du sicherlich als Tee, aber Fenchel ist ebenso ein Gemüse, das man roh verzehren, garen oder grillen kann. Ihn kann man zudem gut mit fruchtigen Salaten genießen.

Vorbereitung:

1. Zuerst die grünen Stängel von der Knolle abschneiden.
2. Fenchel putzen.
3. Fenchel halbieren und dann in Spalten zerteilen. Diese in Scheiben schneiden, die etwa 0,5 cm dick sind.
4. Fenchel mit Öl einstreichen.
5. Salzen und pfeffern.

Zubereitung:

- ✓ Bei 200-220 °C für 5-6 Minuten von jeder Seite grillen.

Kartoffel

Grundsätzliches:

Der Klassiker beim Grillen ist sicherlich die Folienkartoffel. Dabei kannst du die Kartoffel ebenfalls auf Spieße stecken oder in Scheiben garen.

Vorbereitung:

1. Kartoffel zuerst abwaschen und mit einer Gabel von allen Seiten einstechen.
2. Mit Öl einreiben.
3. Nach Wahl in Alufolie wickeln oder in Scheiben schneiden.

Zubereitung:

- ✓ Folienkartoffeln brauchen eine Garzeit von 10 Minuten bei direktem und 20 Minuten bei indirektem Grillen. Du kannst sie aber auch vorkochen, was die Garzeit dann deutlich verringert. Die Folienkartoffel eignet sich außerdem gut, um sie beim Holzkohlegrill in die Glut zu legen. Manche Gasgrills haben sogar ein extra Kartoffel- oder Gemüsefach.
- ✓ Wenn du die Kartoffel schälst und in Scheiben von 0,5 cm Dicke schneidest, ölst du sie am besten ein und würzt sie mit Kräutern und Gewürzen. Die Garzeit beträgt dann 6-7 Minuten bei 200 °C.
- ✓ Kartoffelspiralen bekommst du ganz einfach hin, indem du die rohe Kartoffel spiralförmig anschneidest, aufspießt und dann mit den Fingern ein wenig auseinanderziehst. Dann würzt du das Ganze mit ein bisschen Öl, Salz, Pfeffer und Kräutern nach Belieben und legst es auf den Grill. Die Garzeit beträgt je nach Größe der Kartoffel 20-30 Minuten.

Kohlrabi

Grundsätzliches:

Gegrillter Kohlrabi ist nicht nur eine leckere Beilage, sondern kann auch als Hauptspeise zubereitet werden.

Vorbereitung:

1. Kohlrabi schälen.
2. In fingerdicke Scheiben schneiden.
3. Von allen Seiten mit Öl bestreichen.
4. Salzen.

Zubereitung:

✓ Für 5 Minuten bei 200 °C grillen.

Lauch

Grundsätzliches:

Lauch besitzt eine feine Zwiebelnote und lässt sich gut mit anderen Gemüsesorten kombinieren.

Vorbereitung:

1. Lauch waschen.
2. Der Länge nach halbieren.
3. Lauch mit Öl einreiben.
4. Salzen und pfeffern.

Zubereitung:

✓ Lauch für 5-6 Minuten bei 175 °C von jeder Seite garen.

Maiskolben

Grundsätzliches:

Mais wird vor oft beim Grillen als Beilage verwendet. Dabei schmeckt er am besten, wenn du ihn mit einer Marinade würzt oder mit Kräuterbutter einstreichst.

Vorbereitung:

1. Blätter vom Maiskolben herunterziehen.
2. Pflanzenfasern vom Kolben entfernen.
3. Blätter wieder hochstülpen.
4. Maiskolben in einer Schüssel mit kaltem Wasser für 30 Minuten einlegen.

Zubereitung:

✓ Maiskolben für 20-30 Minuten bei 175 °C garen.

Möhren

Grundsätzliches:

Möhren besitzen einen leicht süßlichen Geschmack. Dieser lässt sich durch den Einsatz von Gewürzen noch zusätzlich verstärken.

Vorbereitung:

1. Möhre schälen.
2. Der Länge nach halbieren.
3. Überall mit Öl einstreichen.
4. Salzen und pfeffern.

Zubereitung:

✓ Mit der Schnittfläche nach unten auf den Grill legen. Dann 6 Minuten pro Seite bei 200-220 °C grillen.

Paprika

Grundsätzliches:

Paprika kannst du natürlich roh essen oder in einen Salat geben. Wenn du sie nun grillst, wirst du aber feststellen, wie schmackhaft Paprika mit Röstaromen ist.

Vorbereitung:

1. Paprika waschen und halbieren.
2. Stiel und Kerngehäuse sowie weiße Trennwände entfernen.
3. Mit Öl einstreichen.

Zubereitung:

- ✓ Mit der Schnittfläche nach unten auf den Grill legen. Pro Seite für 3-4 Minuten bei 200-220 °C grillen.

Pilze

Grundsätzliches:

Pilze lassen sich hervorragend marinieren. Dazu eignen sich Gewürzöle mit Knoblauch, Rosmarin oder Thymian.

Vorbereitung:

1. Pilze putzen und mit Öl bestreichen.

Zubereitung:

- ✓ Große Pilze kannst du direkt auf den Rost legen, kleine sind besser im Grillkorb zu garen. Bei 200-220 °C beträgt die Garzeit 8 - 10 Minuten. Dabei solltest du nicht vergessen, die Pilze zwischendurch zu wenden.

Spargel

Grundsätzliches:

Spargel kaufst du am besten, wenn er saisonal erhältlich ist. Die Stangen lassen sich sehr gut grillen.

Vorbereitung:

1. Grünen Spargel putzen und weißen Spargel schälen.
2. In Öl rollen.
3. Salzen und pfeffern.

Zubereitung:

- ✓ Für 5-10 Minuten auf dem Grill bei 180-200 °C grillen.

Süßkartoffel

Grundsätzliches:

Die Süßkartoffel hat einen Geschmack, der durchaus an Kürbis oder Möhren erinnern kann.

Vorbereitung:

1. Süßkartoffeln kannst du mit oder ohne Schale garen.
2. Der Länge nach aufschneiden.
3. In Scheiben von 0,5 cm Dicke schneiden.
4. Auf beiden Seiten mit Öl einreiben und salzen.

Zubereitung:

- ✓ Süßkartoffel bei 150-170 °C von beiden Seiten unter Wenden für je 6-7 Minuten grillen.

Zucchini

Grundsätzliches:

Zucchini besitzen wenig Eigengeschmack. Du kannst sie aber gut marinieren oder befüllen.

Vorbereitung:

1. Zucchini waschen und in Scheiben von 1 cm Dicke schneiden.
2. Alle Seiten mit Öl einstreichen.
3. Salzen und pfeffern.

Zubereitung:

✓ Zucchini von jeder Seite 5-8 Minuten bei 200-220 °C grillen.

Zwiebel

Grundsätzliches:

Zwiebeln schmecken als Beilage, können aber auch zu einem Highlight auf der Grillparty werden, wenn du sie befüllst.

Vorbereitung:

1. Zwiebel schälen
2. Ringe von 1,5 cm Dicke schneiden.
3. Mit Öl einstreichen und salzen.
4. Möchtest du die Zwiebel befüllen, musst du sie einfach nur aushöhlen.

Zubereitung:

✓ Zwiebel für 8-10 Minuten bei 200-220 °C grillen. Dabei darfst du das Wenden nicht vergessen.

Auf welche Art und Weise lässt sich das Gemüse am besten grillen?

Eine ganz einfache Variante, um Gemüse zu garen, ist es, wenn man ein Baguette aufschneidet, es etwas aushöhlt und mit Gemüse nach Wahl füllt. Gut geeignet sind rote Zwiebeln, Champignons und Knoblauch. Das Baguette solltest du am besten in Alufolie wickeln und für 20 Minuten auf dem Grill garen.

Zusätzliche Varianten sind:

Gemüse am Spieß

Gemüsespieße sind recht beliebt, weil man dabei verschiedene Gemüsesorten einsetzen kann, die man zuvor noch marinieren oder mit Knoblauch oder Kräuterölen bestreichen kann. Wichtig ist dabei dann aber, dass du darauf achtest, dass deine gewählten Gemüsesorten in etwa die gleichen Garzeiten aufweisen.

Gemüse in Alufolie

Wenn du Alufolie um das Gemüse wickelst, hast du den großen Vorteil, dass ein Austrocken vermieden wird und dein Gemüse schön saftig bleibt. Hinzu kommt, dass keine Säfte in den Grill tropfen können. Wenn du keine Alufolie verwenden möchtest, kannst du dein Gemüse ebenso in Backpapier einschlagen und dieses dann in einer Auflaufform auf den Grill stellen.

Gemüse im Grillkorb oder der Grillpfanne

Sobald du mehrere Teile einer Gemüsesorte grillen möchtest, kann es sinnvoll sein, dass du einen Grillkorb verwendest. Damit kannst du dein Gemüse schnell zusammen auf dem Grill platzieren und genauso schnell herunternehmen, was dann ein Verbrennen verhindern wird.

Gegrilltes Obst

Auch im Bereich des Obstes hast du unzählige Auswahlmöglichkeiten, welche sich gut miteinander kombinieren lassen. Die am besten geeignetsten und am einfachsten zu grillenden Obstsorten sind Melonen, Bananen, Ananas, Mangos, Birnen, Äpfel und Pfirsiche.

Wie grillt man Obst?

Bevor du das Obst auf den Grill legen kannst, muss es gewaschen werden. Bei einigen Sorten ist es zudem erforderlich, Kerne, Kerngehäuse, Schalen oder Stiele zu entfernen und dann das Fruchtfleisch in mundgerechte Stücke zu schneiden.

Das Obst selbst sollte Zimmertemperatur aufweisen, denn eiskalte Früchte werden schnell an den Außenseiten schwarz.

Die meisten Früchte sind bereits nach 5-10 Minuten weich und gar.

Solltest du Obst marinieren wollen, indem du Zitronensaft, Honig, Butter oder Ahornsirup dazugibst, dann packe es am besten in Alufolie, damit die Säfte nicht in den Grill tropfen können.

Welche Marinade passt am besten zu Obst?

Bei Obst hast du viele Möglichkeiten, durch den Zusatz einer weiteren Zutat den Geschmack völlig verändern zu können. So kannst du Rum, Ahornsirup, Honig, Zitronensaft und Zucker einsetzen. Ausgefallenere Varianten wären dann noch die Kombination mit Chili, Rosmarin, Minze, Pfeffer oder Basilikum.

Möchtest du das Obst noch mit anderen Leckereien mischen, eignen sich Kokosflocken, Vanille, Zimt, Nusskrokant, Nüsse, Mandeln,

Karamell, Ingwer, Schokostreusel oder Kuvertüre. Diese gibst du nach dem Grillen auf dein Obst, um den Geschmack zu verfeinern.

Ananas

Die Ananas lässt sich gut mit Süße oder Säure in Form von Honig und Zitronensaft kombinieren.

Apfel

Der Apfel kann mit oder ohne Schale gegrillt werden und entwickelt ein leckeres süßes Aroma. Er schmeckt gut in Kombination mit Zimt.

Bananen

Bananen kennt man eigentlich schon von einigen Desserts in gebackener Form. Man kann sie aber ebenso gut grillen, indem man sie schält und der Länge nach halbiert. Am besten legst du sie in eine Schale. Sobald sie eine dunkelbraune Farbe angenommen hat, ist sie fertig.

Birnen

Die Birnen kannst du halbieren und mit Schale auf den Grill legen. Wenn du zuvor noch das Kerngehäuse entfernst, kannst du hier Zitronensaft oder Honig hineinträufeln.

Erdbeeren

Wenn du Erdbeeren grillen möchtest, musst du darauf achten, dass sie extreme Hitze nicht vertragen. Lege sie stattdessen an den Rand des Grillobstes. Für einen besonderen Geschmack kannst du sie zuvor noch mit Zitronensaft oder Honig marinieren. Erdbeeren lassen sich gut mit anderen Lebensmitteln kombinieren und auf Spieße stecken.

Feigen

Obwohl Feigen eigentlich zu den exotischen Früchten gehören, kannst du sie in vielen Supermärkten kaufen. Du kannst sie solo grillen oder auf Spießen mit anderen Obstsorten kombinieren.

Honigmelone

Die Honigmelone eignet sich hervorragend als Bestandteil von gemischten Obstspießen. Sie kann aber genauso gut allein für 5 Minuten auf den Grill gelegt werden.

Mango

Hast du schon mal eine Mango gegrillt? Wenn nicht, wird es dringend Zeit dafür. Die Mango schmeckt warm herrlich und entwickelt so ihr ganzes Aroma. Sie lässt sich gut mit Erdbeeren kombinieren. Wenn du möchtest, kannst du die Mango vor dem Verzehr ein bisschen pfeffern.

Pfirsiche

Der gegrillte Pfirsich schmeckt sehr lecker zu Eiscreme. Allerdings kannst du aus Pfirsichen ebenfalls eine Sauce herstellen, indem du sie mit Zwiebeln, Basilikum, Olivenöl oder Chilischoten mischst.

Wassermelonen

Die gegrillte Wassermelone gehört sicherlich zu den Klassikern. Du kannst die geschnittenen Scheiben gut einzeln grillen oder mit Käse und Minze kombinieren. Wassermelonen lassen sich außerdem mit Olivenöl, Frühlingszwiebeln und Currypulver verfeinern.

Zitronen

Auch die Zitrone lässt sich gut grillen. Wenn du sie auf dem Grill zubereitet hast, kannst du danach leckere Limonaden damit zaubern.

Gemüse-Rezepte

Fleischtomaten-Schafskäse

Schwierigkeitsgrad: leicht
Portionen: 4
Vorbereitungszeit: 5 Minuten
Grillzeit: 20 Minuten

Zutaten:

- ✓ 50 g Butter
- ✓ 3 Knoblauchzehen
- ✓ 4 Fleischtomaten
- ✓ 200 g Schafskäse

Zubereitung:

1. Fleischtomaten waschen und Deckel abschneiden.
2. Fleisch aus der Tomate aushöhlen.
3. Knoblauch schälen und pressen.
4. Schafskäse mit Knoblauch und Butter mischen.
5. Masse in die Tomaten geben.
6. Deckel wieder aufsetzen.
7. Tomaten bei indirekter Hitze und 160-180 °C für 20 Minuten grillen.
8. Wichtig ist, dass die Tomaten abgedeckt werden, um gleichmäßig garen zu können.

Champignon-Käse * 14.6.22

Schwierigkeitsgrad: mittel
Portionen: 4
Vorbereitungszeit: 20 Minuten
Grillzeit: 20 Minuten

Zutaten:

- ✓ 200 g Gouda
- ✓ 1 EL Olivenöl
- ✓ 500 g Champignons
- ✓ 2 Zwiebeln
- ✓ 1 TL Petersilie
- ✓ Salz
- ✓ Pfeffer

Zubereitung:

1. Champignons putzen, Ende der Stiele abschneiden.
2. Stiele in kleine Stücke hacken.
3. Zwiebel schälen und in Würfel schneiden.
4. Petersilie waschen, trocken tupfen und klein hacken.
5. Käse reiben.
6. Pilzstiele, Salz, Pfeffer, Petersilie, Öl und Zwiebeln mischen und die Pilze damit füllen.
7. Käse darüberstreuen.
8. Champignons in einen Grillkorb geben.
9. Bei indirekter Hitze 20 Minuten grillen.

Pommes

Schwierigkeitsgrad: leicht
Portionen: 4
Vorbereitungszeit: 10 Minuten
Grillzeit: 30 Minuten

Zutaten:

- ✓ 2 EL Paprikapulver
- ✓ 500 g Kartoffeln
- ✓ 3 EL Olivenöl
- ✓ Salz

Zubereitung:

1. Kartoffeln schälen und in Pommes-Streifen schneiden.
2. Waschen, um die Stärke zu entfernen. Gut trockenreiben.
3. Salz, Öl und Paprikapulver in eine Schüssel geben. Kartoffeln hineingeben und gut mischen.
4. Pommes in eine Grillpfanne oder auf eine Grillplatte geben.
5. Mit geschlossenem Deckel 30 Minuten grillen.

Maiskolben

Schwierigkeitsgrad: leicht
Portionen: 4
Vorbereitungszeit: 20 Minuten
Grillzeit: 10 Minuten

Zutaten:

- ✓ 50 g Kräuterbutter
- ✓ 4 Maiskolben

Zubereitung:

1. Die Blätter und Fäden vom Mais entfernen.
2. Maiskolben in heißem Wasser für 20 Minuten kochen.
3. Mit einem Spieß der Länge nach durchstechen.
4. Mais auf dem Grill für 10 Minuten unter Wenden garen.
5. Vor dem Servieren mit Kräuterbutter bestreichen.

Belegtes Baguette

Schwierigkeitsgrad: leicht
Portionen: nach Bedarf
Vorbereitungszeit: 5 Minuten
Grillzeit: 10 Minuten

Es gibt viele verschiedene Möglichkeiten, sich ein leckeres belegtes Baguette zu grillen. Dabei sind deiner Fantasie keine Grenzen gesetzt.

Hier habe ich dir vier leckere Varianten aufgelistet, die du gern ganz nach deinem Geschmack variieren kannst.

Grillgemüse:

- ✓ Grillgemüse nach Wahl
- ✓ 1 Baguette
- ✓ Kräuter, Salz und Pfeffer

Raclette:

- ✓ 4 Scheiben Raclettekäse
- ✓ 1 Baguette
- ✓ Paprikagewürz, Salz und Pfeffer

Schafskäse:

- ✓ 200 g Schafskäse
- ✓ 50 g getrocknete Tomaten
- ✓ 1 Baguette
- ✓ Kräuter, Salz und Pfeffer

Mozzarella & Tomate:

- ✓ 200 g Mozzarella
- ✓ 2 große Tomaten
- ✓ 3 EL Pesto
- ✓ Kräuter, Salz und Pfeffer

Zubereitung:

1. Schneide das Baguette der Länge nach in zwei Hälften.
2. Belege die Hälften mit dem Belag.
3. Bestreue das Baguette mit den Gewürzen und Kräutern.
4. Lege das belegte Baguette für 10 Minuten auf den Grill.

Artischocken-Rucola-Zwiebeln

Schwierigkeitsgrad: mittel
Portionen: 4
Vorbereitungszeit: 15 Minuten
Grillzeit: 15 Minuten

Zutaten:

- ✓ 200 g Rucola
- ✓ 12 Artischockenherzen, eingelegt
- ✓ 1 Knoblauchzehe
- ✓ 3 Zwiebeln, rot
- ✓ Saft einer Zitrone
- ✓ 50 ml Olivenöl
- ✓ Salz
- ✓ Pfeffer

Zubereitung:

1. Artischockenherzen abtropfen lassen.
2. Zitronensaft in einer Schüssel mit den Artischocken mischen.
3. Knoblauch fein hacken und mit Olivenöl mischen.
4. Zwiebeln schälen und in Viertel schneiden.
5. Zwiebeln mit den Artischocken in eine Aluschale geben und auf den Grill stellen.
6. Alles mit dem Knoblauchöl beträufeln.
7. Artischocken bei mittlerer Hitze für 15 Minuten grillen.
8. Rucola waschen und auf einer Platte anrichten. Zwiebeln und Artischocken darauf platzieren.

Spargel-Halloumi

Schwierigkeitsgrad: leicht - mittel
Portionen: 2
Vorbereitungszeit: 10 Minuten
Grillzeit: 22 Minuten

Zutaten:

- ✓ 1 Knoblauchzehe
- ✓ 500 g Spargel, grün
- ✓ Saft einer Zitrone
- ✓ 250 g Halloumi
- ✓ Olivenöl
- ✓ Salz
- ✓ Pfeffer
- ✓ Petersilie

Zubereitung:

1. Knoblauch schälen und fein hacken.
2. Zitronensaft, Salz, Olivenöl, Pfeffer und Knoblauch mischen.
3. Spargel waschen und die Enden abschneiden.
4. Spargel in eine Schüssel geben und die Zitronenmarinade dazugeben.
5. Halloumi in dünne Scheiben schneiden.
6. Grillplatte vorheizen.
7. Spargel und den Halloumi einige Minuten grillen, bis die Farbe sich leicht ändert.
8. Deckel auflegen und indirekt für 15 Minuten weitergrillen.
9. Petersilie fein hacken und darüberstreuen.

Halloumi-Chili

Schwierigkeitsgrad: leicht
Portionen: 4
Vorbereitungszeit: 10 Minuten
Grillzeit: 8 Minuten

Zutaten:

- ✓ 400 g Halloumi-Käse
- ✓ 15 g rote Zwiebeln
- ✓ 300 g Erdbeeren
- ✓ 10 g Basilikumblätter
- ✓ ½ Chilischote, rot
- ✓ 3 EL Balsamico
- ✓ 1 EL flüssiger Honig
- ✓ 2 EL Olivenöl
- ✓ Salz
- ✓ Pfeffer

Zubereitung:

1. Erdbeeren waschen und klein schneiden.
2. Chilischote waschen, halbieren, entkernen und dann klein schneiden.
3. Basilikumblätter waschen, trocknen und in Streifen schneiden.
4. Zwiebeln schälen und klein schneiden.
5. Alle Zutaten in eine Schüssel geben und mit Öl, Essig und Honig vermischen. Mit Salz und Pfeffer abschmecken.

6. Halloumi in die gewünschte Portionsgröße zerteilen und für je 4 Minuten auf jeder Seite auf dem Grill anrösten.
7. Zum Servieren gegrillten Halloumi mit der Sauce servieren.

Rote Bete-Schafskäse

Schwierigkeitsgrad: mittel
Portionen: 4
Vorbereitungszeit: 15 Minuten und 20 Minuten marinieren
Grillzeit: 15 Minuten

Zutaten:

- ✓ 4 Knollen Rote Bete (vorgekocht)
- ✓ 150 g Schafskäse
- ✓ ½ Zwiebel
- ✓ 3 EL Olivenöl
- ✓ 3 EL Balsamico
- ✓ Salz
- ✓ Pfeffer
- ✓ Bei Bedarf: frischer Koriander

Zubereitung:

1. Zwiebel schälen und klein würfeln.
2. Balsamico, Öl, Zwiebel, Salz und Pfeffer vermengen.
3. Rote Bete in dünne Scheiben schneiden und mit dem Ölgemisch marinieren. Für 20 Minuten beiseitestellen.
4. Rote Bete für 15 Minuten von allen Seiten grillen.
5. Schafskäse zerbröseln, mit der übrigen Marinade vermischen und über die gegrillte Rote Bete geben.

Grünkohlchips

Schwierigkeitsgrad: leicht
Portionen: 4
Vorbereitungszeit: 5 Minuten
Grillzeit: 60 Minuten

Zutaten:

- ✓ Meersalz
- ✓ 200 g Grünkohl
- ✓ 2 EL Olivenöl

Zubereitung:

1. Grünkohl in Stücke zupfen.
2. Strünke aus dem Kohl entfernen.
3. Kohl waschen und trocken tupfen.
4. Meersalz mit Olivenöl mischen und dann mit dem Grünkohl vermischen.
5. Grünkohl bei indirekter Hitze bei 130 °C eine Stunde auf dem Grill trocknen.

Gefülltes Gemüse

Schwierigkeitsgrad: mittel
Portionen: 4
Vorbereitungszeit: 15 Minuten
Grillzeit: 10-20 Minuten

Zutaten:

- ✓ 2 Auberginen, klein
- ✓ 2 Zucchini, klein
- ✓ 4 Riesenchampignons
- ✓ 4 Tomaten
- ✓ 2 Paprika, gelb
- ✓ 1 TL Olivenöl
- ✓ 1 TL Thymian
- ✓ 150 g Gemüse-Bratling-Mischung
- ✓ 60 g Blauschimmelkäse
- ✓ 2 kleine Frühlingszwiebeln
- ✓ 1 TL Salbei
- ✓ Salz
- ✓ Pfeffer

Zubereitung:

1. Zucchini und Auberginen halbieren und aushöhlen. Inhalt beiseitelegen.
2. Paprika halbieren, Kerne und Trennwände entfernen.
3. Tomaten waschen, Stielansatz rausschneiden und Kerne entfernen.

4. Pilze putzen und Stiele herausbrechen.
5. Thymian, Salz, Pfeffer, Salbei und Öl mischen. Gemüse damit bestreichen.
6. Inhalt der Aubergine und Zucchini sowie Stiele der Pilze würfeln.
7. Mischung für Gemüse-Bratlinge mit 2 Tassen Wasser mischen.
8. Käse klein bröseln.
9. Zwiebeln waschen und würfeln. Mischung für Gemüse-Bratlinge, Käse und klein geschnittene Aubergine, Zucchini und Pilzstiele dazugeben. Salzen und pfeffern. Alles gut miteinander vermischen.
10. Füllung in die ausgehöhlte Zucchini, Aubergine, Tomaten und in die Pilze geben.
11. Gemüse in eine Grillschale geben und für 10-20 Minuten bei mittlerer Hitze grillen.

Auberginen

Schwierigkeitsgrad: leicht
Portionen: 4
Vorbereitungszeit: 15 Minuten
Grillzeit: 30 Minuten

Zutaten:

- ✓ 2 EL Tomatenmark
- ✓ 2 Auberginen
- ✓ 30 g Kapern
- ✓ 6 EL Olivenöl
- ✓ 60 g Oliven, schwarz
- ✓ 1 Maiskolben
- ✓ 1 Frühlingszwiebel
- ✓ 400 g Cherrytomaten
- ✓ 150 g Feta
- ✓ Salz
- ✓ Pfeffer
- ✓ 1 TL Basilikum

Zubereitung:

1. Auberginen waschen, halbieren und bis zu einer Tiefe von 1 cm aushöhlen.
2. Aubergine salzen und 15 Minuten ziehen lassen. Dann mit Olivenöl bestreichen.
3. Maiskolben mit Olivenöl bestreichen und salzen. Dann auf dem Grill bei indirekter Hitze 15 Minuten grillen.

4. Tomaten und Feta würfeln.
5. Frühlingszwiebel waschen und in Ringe schneiden. Oliven halbieren.
6. Frühlingszwiebeln, Tomaten, Kapern, Oliven, Feta und Tomatenmark mischen. Salzen und pfeffern.
7. Maiskolben vom Grill nehmen und Maiskörner abtrennen.
8. Aubergine mit offener Seite auf den Grill legen und 5 Minuten grillen. Wenden und weitere 5 Minuten grillen.
9. Aubergine vom Grill nehmen, Tomatensauce und Mais darauf verteilen.
10. Aubergine mit geschlossenem Deckel für 5 Minuten weitergrillen. Dann mit Basilikum bestreuen.

Süßkartoffel-Avocado

Schwierigkeitsgrad: leicht
Portionen: 4
Vorbereitungszeit: 30 Minuten
Grillzeit: 15 Minuten

Zutaten:

- ✓ 3 EL Pflanzenöl
- ✓ 4 Süßkartoffeln
- ✓ 3 Knoblauchzehen
- ✓ 1 Dose Kichererbsen
- ✓ 1 Bund Koriander
- ✓ 1 Avocado
- ✓ 1 TL Sesam
- ✓ 1 Limette
- ✓ Salz
- ✓ Pfeffer

Zubereitung:

1. Süßkartoffeln waschen und in einem Topf mit Salzwasser 15 Minuten garen.
2. Kichererbsen und Avocadofruchtfleisch mischen. Dann pürieren.
3. Saft der Limette auspressen. Knoblauchzehen schälen und pressen.
4. Salz, Pfeffer, Limettensaft und Knoblauch mischen.
5. Sesam zur Avocadomischung geben.

6. Süßkartoffel der Länge nach aufschneiden und von beiden Seiten mit dem Pflanzenöl bestreichen. Salzen und pfeffern. Süßkartoffel auf den Grill legen und 15 Minuten grillen. Dabei zwischendurch wenden.
7. Koriander hacken. Auf die Avocadocreme streuen.
8. Süßkartoffel mit der Avocadomischung servieren.

Grüner Spargel-Pecorino

Schwierigkeitsgrad: mittel
Portionen: 4
Vorbereitungszeit: 20 Minuten
Grillzeit: 12 Minuten

Zutaten:

- ✓ 500 g grüner Spargel
- ✓ 70 g Pecorino-Käse, als Stück
- ✓ 6 EL Olivenöl
- ✓ 60 g Pinienkerne
- ✓ Salz
- ✓ Pfeffer

Zubereitung:

1. Spargel waschen und circa 3 cm vom unteren Ende abschneiden.
2. Pinienkerne in einer Pfanne kurz trocken anrösten.
3. Käse kleinhobeln.
4. Spargel mit Olivenöl einölen und für 12 Minuten von allen Seiten grillen.
5. Fertigen Spargel mit Käse und Pinienkernen bestreuen und nach Belieben salzen und pfeffern.

Spitzpaprika-Couscous

Schwierigkeitsgrad: mittel
Portionen: 6
Vorbereitungszeit: 20 Minuten
Grillzeit: 6-8 Minuten

Zutaten:

- ✓ 60 g Instant-Couscous
- ✓ 6 Spitzpaprika, rot
- ✓ 150 ml Wasser
- ✓ 50 g Tomaten
- ✓ 50 g Fetakäse
- ✓ 1 Frühlingszwiebel
- ✓ 1 Zitrone
- ✓ 2 Stängel Minze

Zubereitung:

1. Paprika waschen und Deckel abschneiden. Trennwände und Kerne entfernen.
2. Tomate waschen und in kleine Würfel schneiden.
3. Frühlingszwiebel waschen und in Ringe schneiden.
4. Minze waschen und fein hacken.
5. Feta zerbröseln und Zitrone auspressen.
6. Wasser in einem Topf erhitzen, salzen und Couscous damit übergießen. 5 Minuten quellen lassen.
7. Feta, Tomaten, Minze, Frühlingsszwiebel und Zitrone untermischen.
8. Mischung in die Paprika füllen und auf den Grill legen. Grillzeit sind 6 - 8 Minuten. Zwischendurch wenden.

Gemüsepäckchen

Schwierigkeitsgrad: mittel
Portionen: 4
Vorbereitungszeit: 20 Minuten
Grillzeit: 15-20 Minuten

Zutaten:

- ✓ 1 Paprikaschote, rot
- ✓ 1 Paprikaschote, gelb
- ✓ 2 EL Zitronensaft
- ✓ 200 g Zucchini
- ✓ 1 TL Senf, mittelscharf
- ✓ 3 Frühlingszwiebeln
- ✓ ½ TL Paprikapulver
- ✓ 100 g Champignons
- ✓ 1 Knoblauchzehe
- ✓ 2 TL Thymian
- ✓ 50 ml Pflanzenöl
- ✓ ½ TL Salz
- ✓ Pfeffer
- ✓ Alufolie

Zubereitung:

1. Paprikaschoten waschen, der Länge nach aufschneiden, Kerne und Trennwände entfernen. Dann würfeln.
2. Frühlingszwiebeln waschen und in Stücke von 2 cm schneiden.

3. Zucchini waschen, der Länge nach aufschneiden und in Scheiben schneiden.
4. Pilze putzen und in Viertel schneiden.
5. Senf, Thymian, Paprikapulver, Senf, Salz und Öl mischen. Zitronensaft und Pfeffer dazugeben.
6. Knoblauch schälen und pressen. Mit der Marinade mischen.
7. Gemüse mit der Marinade mischen. Dann auf die Alufolie geben und diese zu einem Päckchen verschließen.
8. Päckchen für 15-20 Minuten grillen.

Zucchini-Schafskäse

Schwierigkeitsgrad: leicht
Portionen: 4
Vorbereitungszeit: 15 Minuten
Grillzeit: 5-8 Minuten

Zutaten:

- ✓ 2 EL Olivenöl
- ✓ 500 g Zucchini
- ✓ 200 g Schafskäse
- ✓ ½ Bund Schnittlauch
- ✓ 100 g Ajvar
- ✓ Salz

Zubereitung:

1. Zucchini waschen und mit einem Sparschäler der Länge nach in Scheiben schneiden.
2. Schnittlauch waschen und in 2 cm lange Röllchen schneiden.
3. Zucchini auf ein Küchenpapier legen und salzen. 5 Minuten ziehen lassen.
4. Schafskäse in längliche Stifte schneiden.
5. Je drei Zucchinischeiben überlappend aufeinanderlegen. Jeweils mit 1 TL Ajvar bestreichen und den Schafskäse darüberstreuen.
6. Zucchini aufrollen und mit einem Zahnstocher fixieren.
7. Röllchen auf den Grill legen (am besten eine Grillschale verwenden) und mit Öl bestreichen. Für 5-8 Minuten grillen. Beim Servieren mit dem Schnittlauch bestreuen.

Kräutertomate

Schwierigkeitsgrad: leicht
Portionen: 4
Vorbereitungszeit: 10 Minuten
Grillzeit: 5 Minuten

Zutaten:

- ✓ 2 Knoblauchzehen
- ✓ 8 Fleischtomaten
- ✓ 10 g Oregano
- ✓ 4 EL Olivenöl
- ✓ Salz
- ✓ Pfeffer

Zubereitung:

1. Tomaten waschen und halbieren. Mit Öl bestreichen und mit der Schnittfläche nach unten auf den Grill legen. Für 5 Minuten backen, bis sie goldbraun sind.
2. Knoblauch schälen und fein hacken.
3. Salz, Pfeffer, Oregano, restliches Öl und Knoblauch mischen. Mischung auf die heißen Tomaten streichen und servieren.

Süßkartoffel-Heidelbeere

Schwierigkeitsgrad: mittel
Portionen: 4
Vorbereitungszeit: 25 Minuten und 1 Stunde Einweichzeit
Grillzeit: 20 Minuten

Zutaten:

- ✓ 3 mittelgroße Süßkartoffeln
- ✓ 150 ml Orangensaft
- ✓ 4 EL Olivenöl
- ✓ 1 TL Chiliflocken
- ✓ Prise Koriander, gemahlen
- ✓ Prise Kreuzkümmel, gemahlen
- ✓ Salz
- ✓ Pfeffer

Zutaten Dip:

- ✓ 125 g Heidelbeeren, frisch oder gefroren
- ✓ 200 g körniger Frischkäse
- ✓ 180 g Feta
- ✓ 1 EL flüssiger Honig
- ✓ 1 EL Balsamico
- ✓ 30 g rote Zwiebeln
- ✓ 1 Zweig Rosmarin
- ✓ Salz
- ✓ Pfeffer

Zubereitung:

1. Süßkartoffeln schälen und in Scheiben schneiden.
2. Orangensaft, Öl, Chiliflocken, Koriander, Kreuzkümmel, Salz und Pfeffer mischen.
3. Süßkartoffeln von beiden Seiten mit der Marinade bestreichen und in eine flache Schüssel legen. Restliche Marinade darüber verteilen und für 1 Stunde durchziehen lassen. Dabei die Scheiben immer wieder wenden, so dass alles gut bedeckt ist.
4. Frische Heidelbeeren waschen oder gefrorene im angetauten Zustand verwenden.
5. Feta zerbröseln und in eine Schüssel geben.
6. Frischkäse dazugeben und beides gut vermischen.
7. Zwiebeln schälen und in kleine Würfel schneiden.
8. Rosmarin waschen, Nadeln abzupfen und klein hacken.
9. Heidelbeeren zu dem Käsegemisch geben und mit Honig, Balsamico, Rosmarin, Salz und Pfeffer vermengen. Alles im Mixer pürieren.
10. Süßkartoffeln auf den Grill legen und mit der Marinade beträufeln. Die Grilldauer beträgt unter stetigem Wenden 20 Minuten.
11. Süßkartoffeln mit dem Dip genießen.

Pilze-Feta-Tomate

Schwierigkeitsgrad: leicht
Portionen: 4
Vorbereitungszeit: 20 Minuten
Grillzeit: 20 Minuten

Zutaten:

- ✓ 8 Riesenchampignons
- ✓ 80 g Schafskäse
- ✓ 2 Schalotten
- ✓ 1 TL Oregano, getrocknet
- ✓ 1 Knoblauchzehe
- ✓ 2 EL Vollkorn-Semmelbrösel
- ✓ 6 Tomaten
- ✓ 4 EL Olivenöl
- ✓ Salz
- ✓ Pfeffer

Zubereitung:

1. Schalotten und Knoblauch schälen und fein würfeln.
2. Tomaten mit einem Messer kreuzförmig einschneiden und in kochendes Wasser geben. Danach mit kaltem Wasser abschrecken und häuten. Tomaten in Viertel schneiden, Kerne entfernen und in kleine Würfel schneiden.
3. Pilze putzen und die Stiele herausdrehen. Dann die Kappen aushöhlen und die Stiele in feine Würfel schneiden.
4. In einer Pfanne 2 EL Olivenöl erhitzen. Schalotten, Pilzstiele und Knoblauch dazugeben und 3 Minuten braten.

5. Tomaten mit in die Pfanne geben und 5 Minuten einkochen lassen. Tomaten vom Herd nehmen und mit Oregano und den Bröseln mischen. Salzen und pfeffern.
6. Pilze mit dem restlichen Öl bestreichen und mit der Tomatenmischung füllen. Auf dem Grill mit geschlossenem Deckel für 15 Minuten garen.
7. Schafskäse zerbröseln und auf die Pilze geben. 5 Minuten weitergrillen.

Quesadilla

Schwierigkeitsgrad: mittel
Portionen: 4
Vorbereitungszeit: 20 Minuten
Grillzeit: 5 Minuten

Zutaten:

- ✓ 2 Avocados
- ✓ 1 Tomate
- ✓ 1 Zwiebel
- ✓ 1 Paprika, rot
- ✓ 1 Paprika, grün
- ✓ 1 kleine Dose Mais(140 g)
- ✓ 1 kleine Dose Kidneybohnen (140 g)
- ✓ 50 g Schafskäse
- ✓ 2 Knoblauchzehen
- ✓ 4 Tortillas
- ✓ 2 EL Zitronensaft
- ✓ 2 EL Olivenöl
- ✓ Salz
- ✓ Pfeffer
- ✓ Ein paar Blätter frischer Koriander, gehackt

Zubereitung:

1. Zwiebel und Knoblauch schälen und klein schneiden.
2. Avocados halbieren, Fruchtfleisch herauslösen und in einer Schüssel zerdrücken.

3. Halbe Zwiebel- und Knoblauchmenge, 1 EL Öl sowie Zitronensaft vermengen und zur Avocadocreme hinzufügen. Gut mixen und mit Salz und Pfeffer abschmecken.
4. Tomate und Paprika waschen, entkernen und in kleine Würfel schneiden.
5. Mais und Kidneybohnen abseihen und abtropfen lassen.
6. In einer Schüssel die restliche Zwiebel, Knoblauch, Mais, Bohnen, Koriander und Schafskäse miteinander mischen.
7. Tortilla zur Hälfte mit dem Gemisch belegen (nicht zu viel nehmen) und zusammenrollen.
8. Außenseiten mit etwas Öl bestreichen und auf dem Grill für 5 Minuten unter Wenden rösten.
9. Warme Quesadilla mit Avocadocreme servieren.

Süßkartoffeln-Pistazien

Schwierigkeitsgrad: leicht
Portionen: 4
Vorbereitungszeit: 30 Minuten
Grillzeit: 8 Minuten

Zutaten:

- ✓ 1 kg Süßkartoffeln
- ✓ 1 TL Rapsöl
- ✓ 10 g Petersilie
- ✓ 3 EL Olivenöl
- ✓ 1 Frühlingszwiebel
- ✓ 2 EL Ahornsirup
- ✓ 60 g Pistazienkerne
- ✓ 1 Limette
- ✓ 1 EL Senf, scharf
- ✓ Salz
- ✓ Pfeffer

Zubereitung:

1. Süßkartoffeln waschen. Topf mit Salzwasser befüllen, aufkochen und Süßkartoffeln 20 Minuten kochen. Abkühlen lassen.
2. Pistazien grob hacken. Frühlingszwiebel waschen und in Ringe schneiden.
3. Petersilie, Frühlingszwiebeln und Pistazien mischen.

4. Olivenöl, Ahornsirup, Saft der Limette, Salz, Pfeffer und Senf mischen.
5. Süßkartoffeln der Länge nach aufschneiden und mit Rapsöl bestreichen. Mit der Schnittfläche nach unten auf den Grill legen. Für 8 Minuten grillen.
6. Kartoffeln auf Tellern anrichten und salzen. Dann das Olivenöldressing darüber träufeln und Mischung mit den Pistazien darüberstreuen.

Zitronen-Kartoffel

Schwierigkeitsgrad: leicht
Portionen: 4
Vorbereitungszeit: 5 Minuten
Grillzeit: 30 Minuten

Zutaten:

- ✓ 4 große Kartoffeln
- ✓ 2 Bio-Zitronen
- ✓ Meersalz
- ✓ Pfeffer

Zubereitung:

1. Kartoffeln waschen und einschneiden.
2. Zitronen mit heißem Wasser abwaschen und in Scheiben schneiden.
3. Zitronenscheiben salzen und pfeffern und in die Kartoffeln stecken.
4. Kartoffeln in Alufolie einpacken und für 30 Minuten in der Glut grillen.

Möhren

Schwierigkeitsgrad: leicht
Portionen: 6
Vorbereitungszeit: 10 Minuten
Grillzeit: 6 Minuten

Zutaten:

- ✓ 800 g Möhren
- ✓ ½ TL Oregano, getrocknet
- ✓ 3 EL Olivenöl
- ✓ 1 ½ EL Orangensaft
- ✓ ½ TL Honig, flüssig
- ✓ Meersalz
- ✓ Pfeffer

Zubereitung:

1. Möhren waschen und der Länge nach halbieren.
2. Orangensaft, Oregano, Öl und Honig mischen. Damit die Schnittflächen der Möhren bestreichen. Salzen und pfeffern.
3. Möhren auf den Grill legen, abdecken und für 6 Minuten grillen.

Zucchini-Paprika-Ricotta

Schwierigkeitsgrad: leicht
Portionen: 8
Vorbereitungszeit: 15 Minuten
Grillzeit: 12 Minuten

Zutaten:

- ✓ 400 g gelbe und 400 g grüne Zucchini
- ✓ ½ Bund Oregano
- ✓ 250 g Paprikaschote, rot
- ✓ 100 g Ricotta
- ✓ 1 EL Olivenöl
- ✓ 2 TL Ketchup
- ✓ 1 EL Milch
- ✓ 1 EL Ajvar
- ✓ 2 Knoblauchzehen
- ✓ 1 Zwiebel
- ✓ Salz
- ✓ Pfeffer

Zubereitung:

1. Zucchini waschen und der Länge nach halbieren. Kerne mit einem Löffel entnehmen.
2. Zucchini pfeffern, salzen und mit der Schnittfläche nach oben in eine Grillschale geben.
3. Zucchini mit der Hälfte des Olivenöls bestreichen. Unter Wenden 8 Minuten grillen. Wieder mit Öl bestreichen, wenden und weitere 4 Minuten grillen.

4. In der Zwischenzeit Paprika waschen, halbieren, Kerne sowie Trennwände entfernen und würfeln.
5. Knoblauch und Zwiebel schälen und in feine Würfel schneiden.
6. Oregano waschen, Blätter abzupfen und fein hacken. Mit Zwiebeln, Paprika und Knoblauch mischen. Ketchup, Ajvar, Milch und Ricotta untermischen. Salzen und pfeffern.
7. Zucchini auf Teller legen und Ricottamischung darauf verteilen.

Avocado-Ziegenkäse-Rucola

Schwierigkeitsgrad: leicht
Portionen: 4
Vorbereitungszeit: 15 Minuten
Grillzeit: 5 Minuten

Zutaten:

- ✓ 300 g Ziegenkäse
- ✓ 4 Avocados
- ✓ 300 g Rucola
- ✓ ½ Zwiebel
- ✓ 4 Tomaten
- ✓ 3 EL Balsamico
- ✓ 3 EL Avocado- oder Olivenöl
- ✓ Salz
- ✓ Pfeffer
- ✓ Ein paar Blätter frisches Basilikum

Zubereitung:

1. Avocados halbieren, entkernen und mit Öl bestreichen. Salzen und pfeffern.
2. Avocadohälften mit der offenen Seite auf den Grill legen und für 5 Minuten rösten.
3. Rucola und Basilikum getrennt voneinander waschen und trocknen.
4. Tomaten waschen und in kleine Würfel schneiden.
5. Zwiebel schälen und klein schneiden.

6. Balsamico, 2 EL Öl, Salz und Pfeffer mischen und mit den Tomaten und Zwiebeln vermengen.
7. Rucola auf den Tellern verteilen.
8. Avocado mit Tomaten und Zwiebeln befüllen und Ziegenkäse darüber bröseln.
9. Zum Schluss die Basilikumblätter darüberstreuen.

Austernpilze-Walnüsse

Schwierigkeitsgrad: leicht
Portionen: 4
Vorbereitungszeit: 10 Minuten
Grillzeit: 4 Minuten

Zutaten:

- ✓ 500 g Austernpilze
- ✓ 2 EL Walnusskerne
- ✓ 2 EL Walnussöl
- ✓ 6 Stiele Petersilie, glatt
- ✓ 4 EL Rapsöl
- ✓ Salz
- ✓ Pfeffer aus der Mühle

Zubereitung:

1. Petersilie waschen und hacken.
2. Walnüsse hacken.
3. Austernpilze putzen und Stiele abschneiden.
4. Austernpilze in eine mit dem Rapsöl bestrichene Aluschale geben und auf dem Grill von jeder Seite 2 Minuten grillen. Salzen und pfeffern.
5. Pilze mit Walnussöl beträufeln. Walnüsse und Petersilie darüberstreuen.

Aubergine-Schafskäse

Schwierigkeitsgrad: leicht
Portionen: 4
Vorbereitungszeit: 10 Minuten
Grillzeit: 5 Minuten

Zutaten:

- ✓ 1 EL Zitronensaft
- ✓ 2 Auberginen
- ✓ 250 g Feta
- ✓ ½ Bund Schnittlauch
- ✓ 2 EL Olivenöl
- ✓ Salz
- ✓ Pfeffer

Zubereitung:

1. Auberginen waschen und der Länge nach in Scheiben von 0,5 cm schneiden. Auf Küchenpapier legen, salzen und 30 Minuten ziehen lassen.
2. Schnittlauch waschen.
3. Feta in Streifen von 1 cm schneiden. Einen Streifen in jede Auberginenscheibe einwickeln und einen Schnittlauchhalm darumbinden. Salzen, pfeffern und mit Olivenöl beträufeln. Auf dem Grill unter Wenden 5 Minuten garen.
4. Auberginen beim Servieren mit dem Zitronensaft beträufeln.

Aubergine-Granatapfel

Schwierigkeitsgrad: leicht
Portionen: 4
Vorbereitungszeit: 20 Minuten
Grillzeit: 12 Minuten

Zutaten:

- ✓ 1 EL Balsamicoessig
- ✓ 600 g Auberginen
- ✓ 3 EL Olivenöl
- ✓ 1 EL Petersilie
- ✓ 1 Knoblauchzehe
- ✓ 1 Granatapfel
- ✓ Meersalz

Zubereitung:

1. Auberginen waschen und der Länge nach aufschneiden. Salzen und für 10 Minuten ziehen lassen.
2. Granatapfel halbieren und Kerne mit einem Löffel entnehmen.
3. Petersilie waschen und fein hacken.
4. Knoblauch schälen, fein hacken und mit 2 EL Öl mischen.
5. Auberginen abtupfen und mit der Hälfte der Knoblauchmischung bestreichen. Aubergine für 12 Minuten grillen, wenden und mit dem restlichen Öl bestreichen.
6. Auberginen auf einem Teller anrichten. Mit Petersilie, Meersalz und Granatapfelkernen bestreuen. Dann mit dem Essig beträufeln.

Grüner Spargel-Zitrone

Schwierigkeitsgrad: leicht
Portionen: 4
Vorbereitungszeit: 10 Minuten
Grillzeit: 5 Minuten

Zutaten:

- ✓ 1 kg Spargel, grün
- ✓ 4 EL Olivenöl
- ✓ 1 EL Honig
- ✓ 3 Bio-Zitronen
- ✓ Salz
- ✓ Pfeffer

Zubereitung:

1. Spargel waschen, unteres Drittel abschneiden und in einem Topf mit Salzwasser 5 Minuten garen. Mit kaltem Wasser abschrecken.
2. Zitronen mit heißem Wasser abwaschen und 2 Zitronen in dünne Scheiben schneiden. Die letzte Zitrone auspressen.
3. Salz, Pfeffer, Honig, Zitronensaft und Öl mischen.
4. Spargel auf den Grill legen und 5 Minuten grillen. Mit der Ölmischung bestreichen und mit den Zitronenscheiben servieren.

Paprikaschoten-Hirse-Hüttenkäse

Schwierigkeitsgrad: leicht
Portionen: 4
Vorbereitungszeit: 30 Minuten
Grillzeit: 15 Minuten

Zutaten:

- ✓ 2 Stiele Petersilie
- ✓ 400 g Spitzpaprika, rot
- ✓ 50 g Hirse
- ✓ 1 EL Olivenöl
- ✓ 2 Zweige Rosmarin
- ✓ 1 TL Rapsöl
- ✓ 1 Knoblauchzehe
- ✓ 200 g Hüttenkäse
- ✓ Paprikapulver, edelsüß
- ✓ Salz
- ✓ Pfeffer

Zubereitung:

1. Hirse mit kaltem Wasser abspülen und abtropfen lassen. Dann mit 100 ml kochendem Wasser übergießen und in einem Topf bei mittlerer Hitze für 15 Minuten quellen lassen. Anschließend abkühlen lassen.
2. Rosmarin waschen und fein hacken.
3. Knoblauch schälen und hacken.

4. Paprikaschoten der Länge nach aufschneiden, Kerne sowie Trennwände entfernen und mit dem Rapsöl von innen und außen einreiben.
5. Olivenöl, Knoblauch, Rosmarin, Paprikapulver, Salz, Pfeffer, Hüttenkäse und Hirse mischen.
6. Paprikaschoten mit der Mischung füllen. Auf den Grill legen, abdecken und 15 Minuten grillen.
7. Petersilie waschen, fein hacken und Paprikaschoten vor dem Servieren damit bestreuen.

Rote Bete-Ziegenfrischkäse

Schwierigkeitsgrad: mittel
Portionen: 4
Vorbereitungszeit: 15 Minuten
Grillzeit: 17 Minuten

Zutaten:

- ✓ 4 Stück vorgekochte Rote Bete
- ✓ 4 Scheiben Ziegenfrischkäse
- ✓ 150 g Blattsalat
- ✓ 1 Apfel
- ✓ 5 EL Balsamico
- ✓ 5 EL Olivenöl
- ✓ 3 TL mittelscharfer Senf
- ✓ Salz
- ✓ Pfeffer

Zubereitung:

1. Rote Bete in Scheiben schneiden.
2. Balsamico, Öl, Senf, Salz und Pfeffer vermengen und glattrühren.
3. Rote Bete damit marinieren und für 13 Minuten unter Wenden auf den Grill legen.
4. Ziegenfrischkäse mit Salz, Pfeffer und etwas Öl würzen.
5. Frischkäse für 4 Minuten auf den Grill legen.
6. Apfel in Würfel schneiden.

7. Blattsalat waschen, trocknen und kleinzupfen.
8. Restliche Marinade auf den Blattsalat geben und gut vermengen.
9. Alles zusammen auf einem Teller anrichten und servieren.

Kartoffel-Pizza

Schwierigkeitsgrad: mittel
Portionen: 4
Vorbereitungszeit: 30 Minuten und 30 Minuten Kochzeit für die Kartoffeln
Grillzeit: 12 Minuten

Zutaten:

- ✓ 800 g Kartoffeln
- ✓ 100 g Erbsen
- ✓ 100 g Weizenmehl
- ✓ 2 Eigelb
- ✓ 20 g weiche Butter
- ✓ 1 kleine Zwiebel
- ✓ 4 EL Olivenöl
- ✓ 1 kleine Zucchini
- ✓ Prise Muskatnuss
- ✓ 15 g Kräutermischung frisch oder getrocknet (zum Beispiel Petersilie, Schnittlauch, Oregano, Thymian)
- ✓ Salz
- ✓ Pfeffer

Zubereitung:

1. Kartoffeln schälen und im Salzwasser gar kochen. Im Idealfall werden die Kartoffeln bereits am Vortag gekocht, damit sie auskühlen können.
2. Zwiebel schälen und in kleine Würfel schneiden.
3. Erbsen und Kartoffeln zu einem Brei verarbeiten.

4. Mehl, Eigelb, Butter, Zwiebel, Kräuter, Salz, Muskat und Pfeffer hinzufügen und gut durchmischen.
5. Wenn alles gut miteinander vermischt ist, Brei mit feuchten Händen zu kleinen Fladen formen. Die Oberflächen sollten leicht eingeschnitten werden.
6. Öl auf die Fladen träufeln.
7. Zucchini waschen und in kleine Scheiben schneiden, salzen und pfeffern.
8. Zucchini und Kartoffelfladen auf den Grill legen und für 6 Minuten rösten, danach vorsichtig wenden.
9. Zucchini auf der Kartoffelpizza anrichten und servieren.

Focaccia

Schwierigkeitsgrad: leicht
Portionen: 4
Vorbereitungszeit: 2,5 Stunden
Grillzeit: 4 Minuten

Zutaten:

- ✓ 2 Zweige Rosmarin
- ✓ ½ Würfel Hefe
- ✓ 1 Knoblauchzehe
- ✓ 500 g Weizen-Vollkornmehl
- ✓ 2 EL Öl
- ✓ 1 TL Agavendicksaft
- ✓ 1 TL Salz

Zubereitung:

1. Hefe in einer Schüssel zerbröseln. Agavendicksaft dazu mischen und 10 Minuten stehen lassen.
2. Salz und Mehl in einer Schüssel mischen. 300 ml lauwarmes Wasser und die Hefemischung dazugeben.
3. Kneten, bis sich ein geschmeidiger Teig ergibt. Den Teig 2 Stunden gehen lassen.
4. Knoblauchzehen andrücken und die Rosmarinnadeln von den Zweigen zupfen.
5. Öl in einer Pfanne erhitzen, Knoblauch und Rosmarin hineingeben und bei kleiner Hitze 10 Minuten ziehen lassen.

6. Teig in vier gleich große Fladen aufteilen und zu ovalen Teigfladen formen.
7. Teigfladen mit dem Rosmarinöl bepinseln. Auf den Grill legen, Deckel schließen und 4 Minuten grillen.

Feta-Blaubeeren-Rosmarin

Schwierigkeitsgrad: leicht
Portionen: 4
Vorbereitungszeit: 15 Minuten
Grillzeit: 15 Minuten

Zutaten:

- ✓ 2 EL Rotweinessig
- ✓ 400 g Feta
- ✓ 1 EL Honig
- ✓ 1 Knoblauchzehe
- ✓ 150 g Blaubeeren
- ✓ 2 EL Olivenöl
- ✓ 1 Zweig Rosmarin
- ✓ Pfeffer

Zubereitung:

1. Knoblauch schälen und fein hacken.
2. Feta mit 1 EL Olivenöl beträufeln, Knoblauch darauf verteilen und mit Pfeffer würzen. Auf den Grill legen und 15 Minuten garen.
3. Öl in einem Topf erhitzen. Rosmarinzweig hineingeben und bei kleiner Hitze für 4 Minuten ziehen lassen. Honig und Blaubeeren hinzufügen und kurz köcheln. Essig dazugeben und 3 Minuten einkochen.
4. Rosmarin-Blaubeersauce über den Fetakäse geben.

Romanasalat-Minze

Schwierigkeitsgrad: leicht
Portionen: 4
Vorbereitungszeit: 15 Minuten
Grillzeit: 5 Minuten

Zutaten:

- ✓ 600 g Romanasalat
- ✓ 30 g Pinienkerne
- ✓ 1 EL Zitronensaft
- ✓ 3 EL Olivenöl
- ✓ 2 Stiele Minze
- ✓ 30 g Parmesan
- ✓ Salz
- ✓ Pfeffer

Zubereitung:

1. In einer Pfanne ohne Fett die Pinienkerne anrösten.
2. Minze waschen und fein hacken.
3. 2 EL Öl mit 3 EL Wasser mischen, Pinienkerne, Zitronensaft, Salz und Pfeffer dazugeben und pürieren.
4. Salat waschen und der Länge nach halbieren.
5. Mit der Ölmischung bestreichen und auf dem Grill für 5 Minuten rösten.
6. In der Zwischenzeit den Parmesan reiben.
7. Salat auf Tellern anrichten. Restliches Öl darüber träufeln, Pinienkerne, Minze und Parmesan darüberstreuen.

Maissalat

Schwierigkeitsgrad: mittel
Portionen: 4
Vorbereitungszeit: 15 Minuten
Grillzeit: 10 Minuten

Zutaten:

- ✓ 2 Maiskolben
- ✓ 1 Paprika, rot
- ✓ 250 g Kichererbsen aus der Dose
- ✓ ½ Zucchini
- ✓ 100 g Schafskäse
- ✓ 1 Knoblauchzehe
- ✓ 2 EL Balsamico
- ✓ 3 EL Olivenöl
- ✓ 1 EL Limettensaft
- ✓ Salz
- ✓ Pfeffer
- ✓ Ein paar Blätter frischer gehackter Koriander

Zubereitung:

1. Zucchini und Paprika waschen. Paprika halbieren und Kerne auslösen. Beides in Stücke schneiden und mit etwas Öl marinieren.
2. Beides zusammen mit den Maiskolben auf den Grill legen und 10 Minuten anrösten.
3. Schafskäse zerbröseln und in eine Schüssel geben.

4. Abgekühlten Mais vom Kolben lösen und zusammen mit den mundgerechten Zucchini- und Paprikastücken sowie den Kichererbsen und dem Schafskäse vermengen.
5. Knoblauch schälen und klein hacken.
6. Balsamico, Öl, Limettensaft, Salz und Pfeffer zusammen mit dem Knoblauch zu einem Dressing vermischen und über den Salat gießen.
7. Alles gut mischen und mit dem Koriander garnieren.

Austernpilze

Schwierigkeitsgrad: leicht
Portionen: 4
Vorbereitungszeit: 20 Minuten
Grillzeit: 10 Minuten

Zutaten:

- ✓ 400 g Austernpilze
- ✓ 2 EL Öl
- ✓ Salz
- ✓ Pfeffer

Kräuterbutter:

- ✓ 125 g weiche Butter
- ✓ 20 g Majoran und Thymian (oder nach Geschmack)
- ✓ 25 g Pinienkerne
- ✓ 1 Bio-Zitrone
- ✓ 1 Knoblauchzehe
- ✓ Salz

Zubereitung:

1. Pinienkerne ohne Öl in der Pfanne anrösten, bis sie duften. Danach grob hacken.
2. Kräuter waschen und trocknen. Blätter abzupfen und fein hacken.
3. Zitrone heiß abwaschen und die Schale abreiben.
4. Knoblauch schälen und pressen.

5. Butter schaumig schlagen und alle Zutaten hinzufügen. Mit Salz abschmecken und in einem Gefäß kühlen.
6. Austernpilze putzen und mit Öl bestreichen. Mit Salz und Pfeffer würzen.
7. Pilze für 5 Minuten von jeder Seite auf dem Grill rösten.
8. Kräuterbutter auf die Pilze geben und servieren.

Auberginen-Pizza

Schwierigkeitsgrad: leicht
Portionen: 4
Vorbereitungszeit: 1,25 Stunden
Grillzeit: 18 Minuten

Zutaten:

- ✓ 2 Auberginen
- ✓ ½ Würfel Hefe
- ✓ 1 Prise Zucker
- ✓ 2 Knoblauchzehen
- ✓ 250 g Mehl
- ✓ Mehl für die Arbeitsfläche
- ✓ 8 EL Olivenöl
- ✓ Salz
- ✓ Pfeffer

Zubereitung:

1. Hefe zerbröseln und in eine Schüssel geben. Mit 120 ml Wasser und Zucker mischen.
2. Dann 1 TL Salz, das Mehl und 2 EL Öl dazugeben und gut mischen. Zudecken und 45 Minuten an einem warmen Ort gehen lassen.
3. Auberginen waschen und der Länge nach in Scheiben schneiden. Salzen und 15 Minuten ziehen lassen.
4. Teig nochmals kneten und in vier Teile aufteilen. Dünne Fladen daraus formen. Jeden Fladen mit Öl bestreichen und auf den Grill legen. Je Seite dann 4 Minuten grillen.

5. Knoblauch schälen und mit dem restlichen Öl mischen sowie pürieren. Auberginenscheiben damit bestreichen. Pfeffern. Auf den Grill legen und für 5 Minuten von beiden Seiten grillen.
6. Pizzafladen mit den Auberginen belegen und salzen.

Kürbis

Schwierigkeitsgrad: mittel
Portionen: 4
Vorbereitungszeit: 15 Minuten
Grillzeit: 25 Minuten

Zutaten:

- ✓ 1 kg Butternut-Kürbis
- ✓ 1 Knoblauchzehe
- ✓ 2 TL Oregano
- ✓ 2 TL gemahlener Koriander
- ✓ ½ TL gemahlener Fenchel
- ✓ 8 EL Olivenöl
- ✓ Chiliflocken
- ✓ Pfeffer
- ✓ Salz

Zubereitung:

1. Kürbis waschen, entkernen und in mundgerechte Stücke schneiden.
2. Knoblauch schälen und klein hacken.
3. Knoblauch, Oregano, Koriander, Fenchel, Chiliflocken, Salz und Pfeffer mit dem Öl vermischen, so dass eine Marinade entsteht.
4. Kürbis gut mit der Marinade vermischen und anschließend auf den Grill legen.
5. Nach 25 Minuten ist der Kürbis weich und kann serviert werden.

Fenchel

Schwierigkeitsgrad: leicht
Portionen: 4
Vorbereitungszeit: 10 Minuten
Grillzeit: 6 Minuten

Zutaten:

- ✓ 1 Zweig Rosmarin
- ✓ 4 Fenchelknollen
- ✓ 2 EL Olivenöl
- ✓ Salz
- ✓ Pfeffer aus der Mühle

Zubereitung:

1. Fenchel putzen und der Länge nach in Scheiben schneiden.
2. Fenchel auf den Grill legen und von jeder Seite für 3 Minuten grillen.
3. Rosmarinnadeln vom Stiel zupfen und auf den heißen Fenchel streuen. Mit Olivenöl beträufeln. Salzen und pfeffern.

Tomate-Mozzarella

Schwierigkeitsgrad: mittel
Portionen: 4
Vorbereitungszeit: 15 Minuten
Grillzeit: 10 Minuten

Zutaten:

- ✓ 500 g große Tomaten
- ✓ 500 g Mozzarella
- ✓ 10 g Basilikumblätter
- ✓ 1 Zweig Oregano
- ✓ 50 ml Olivenöl
- ✓ 50 g Rucola
- ✓ 2 Knoblauchzehen
- ✓ Salz
- ✓ Pfeffer
- ✓ Circa 10 kleine Stücke Alufolie

Zubereitung:

1. Tomaten und Mozzarella waschen und in Scheiben schneiden.
2. Tomaten und Mozzarella abwechselnd in die vorbereiteten Alufolie-Stücke legen.
3. Rucola, Basilikum und Oregano waschen, trocknen und klein schneiden.
4. Knoblauch schälen und klein schneiden.
5. Kräuter, Rucola und Knoblauch möglichst in einem Mörser zerkleinern und mit Olivenöl zu einem Pesto vermengen.

6. Pesto über die Tomaten und Mozzarella verteilen und mit Salz und Pfeffer würzen.
7. Alufolien verschließen und auf dem Grill für 10 Minuten garen.

Artischocken-Petersilie

Schwierigkeitsgrad: leicht
Portionen: 6
Vorbereitungszeit: 10 Minuten
Grillzeit: 4 Minuten

Zutaten:

- ✓ 2 EL Petersilie, gehackt
- ✓ 1 Knoblauchzehe
- ✓ Zitronensaft zum Beträufeln
- ✓ 16 Artischocken, klein
- ✓ 4 EL Olivenöl
- ✓ Salz
- ✓ Pfeffer

Zubereitung:

1. Knoblauch schälen, hacken und mit Öl mischen.
2. Artischocken putzen, Stiel zum Teil abschneiden und schälen. Artischocken in Scheiben von 1 cm Dicke schneiden. Mit Zitronensaft beträufeln.
3. Artischocken salzen, pfeffern und auf dem Grill von jeder Seite für 2 Minuten garen.
4. Gemüse vom Grill nehmen, mit dem Knoblauchöl beträufeln und der Petersilie bestreuen.

Gemüsespieße

Bei den Spießen kannst du gern weitere Kombinationen ausprobieren. Wenn du beispielsweise etwas im Kühlschrank findest, was noch gut passen könnte, lohnt es sich, es in kleinen Mengen mit dem Gemüse auf dem Spieß zu kombinieren. Grundsätzlich harmonieren immer Paprika, Tomaten und Pilze miteinander.

Scharfer Tofu

Schwierigkeitsgrad: leicht
Portionen: 4
Vorbereitungszeit: 15 Minuten
Grillzeit: 10 Minuten

Zutaten:

- ✓ 1 Paprikaschote, rot
- ✓ 1 Paprikaschote, gelb
- ✓ 1 Zucchini
- ✓ 400 g Naturtofu
- ✓ 2 Zwiebeln, rot
- ✓ Süß-saure Chilisauce
- ✓ Olivenöl
- ✓ Salz
- ✓ Pfeffer

Zubereitung:

1. Zucchini der Länge nach aufschneiden und dann in dünne Scheiben schneiden.
2. Paprikaschoten halbieren, Kerne und Trennwände entfernen, dann in Stücke von 2 cm schneiden.
3. Tofu in Würfel von 1 cm schneiden.
4. Zwiebeln schälen und in Spalten schneiden.
5. Abwechselnd Tofu und Gemüse auf Spieße stecken. Mit dem Öl bestreichen.
6. Spieße von jeder Seite 5 Minuten grillen. Salzen, pfeffern und mit der Sauce servieren.

Mais-Lorbeer

Schwierigkeitsgrad: leicht
Portionen: 4
Vorbereitungszeit: 30 Minuten
Grillzeit: 15 Minuten

Zutaten:

- ✓ 10 Lorbeerblätter, frisch
- ✓ 2 Maiskolben
- ✓ 1 Prise Zucker
- ✓ 1 EL Olivenöl
- ✓ Salz
- ✓ Zitronenpfeffer

Zubereitung:

1. Maiskolben für 20 Minuten in einem Topf mit heißem Wasser kochen und abkühlen lassen.
2. Mais in 6 große Scheiben schneiden.
3. Auf Grillspieße abwechselnd Lorbeer und Mais stecken.
4. Öl mit Zucker, Salz und Pfeffer vermischen.
5. Spieße mit Marinade bestreichen und auf den Grill legen. Für 15 Minuten unter Wenden grillen.

Käse-Gemüse

Schwierigkeitsgrad: mittel
Portionen: 4
Vorbereitungszeit: 1 Stunde und 20 Minuten
Grillzeit: 10 Minuten

Zutaten:

- ✓ 200 g Halloumi
- ✓ 2 Knoblauchzehen
- ✓ 1 Paprikaschote, rot
- ✓ 1 Paprikaschote, gelb
- ✓ 4 EL Olivenöl
- ✓ 100 g Datteltomaten
- ✓ 2 Zucchini
- ✓ 2 Stiele Minze
- ✓ Salz
- ✓ Pfeffer

Zubereitung:

1. Minze waschen und fein hacken.
2. Knoblauch schälen und hacken.
3. Pfeffer, Salz, Olivenöl und Knoblauch mischen.
4. Paprikaschoten halbieren, Kerne und Trennwände entfernen. Dann in mundgerechte Stücke schneiden.
5. Zucchini waschen und mit dem Sparschäler in Scheiben schneiden.

6. Tomaten waschen und Halloumi abtropfen lassen. Beides in Stücke schneiden.
7. Zucchini flach in eine Schüssel legen. Käse, Gemüse und Marinade mit dem Knoblauch dazugeben. Für 1 Stunde im Kühlschrank ziehen lassen.
8. Zucchini zu kleinen Päckchen falten. Dann abwechselnd mit dem Käse und dem anderen Gemüse auf Spieße stecken. Mit restlicher Marinade bestreichen und auf dem Grill von allen Seiten unter Wenden für 10 Minuten grillen.

Champignon-Apfel

Schwierigkeitsgrad: leicht
Portionen: 4
Vorbereitungszeit: 20 Minuten
Grillzeit: 10 Minuten

Zutaten:

- ✓ 250 g Äpfel, rot
- ✓ 200 g Vollkornbrot
- ✓ 1 Zwiebel, rot
- ✓ 400 g Paprika, grün
- ✓ 1 Chilischote, rot
- ✓ 3 EL Olivenöl
- ✓ 1 TL Petersilie
- ✓ 1 TL Honig
- ✓ 2 EL Zitronensaft
- ✓ 500 g Champignons
- ✓ Salz
- ✓ Pfeffer
- ✓ 12 Holzspieße

Zubereitung:

1. Äpfel waschen, Kerne entfernen, schälen und würfeln.
2. Zwiebel schälen und würfeln.
3. Chilischote waschen, halbieren, Kerne entfernen und klein hacken.

4. Zitronensaft, 1 EL Öl, Zwiebelwürfel, Peperoni, Pfeffer, Salz, Äpfel, Honig und Petersilie mischen. 15 Minuten ziehen lassen.
5. Pilze putzen.
6. Paprika halbieren, Kerne und Trennwände entfernen und in Stücke schneiden. Salzen und pfeffern.
7. Auf die Spieße abwechselnd Pilze und Paprika spießen. Mit Öl einstreichen. Für 10 Minuten unter Wenden grillen.
8. Zusammen mit dem Vollkornbrot und der Sauce servieren.

Tomaten-Käse

Schwierigkeitsgrad: leicht
Portionen: 4
Vorbereitungszeit: 10 Minuten und 30 Minuten marinieren
Grillzeit: 6-8 Minuten

Zutaten:

- ✓ 4 EL Olivenöl
- ✓ 300 g Cocktailtomaten
- ✓ 4 Stiele Dill
- ✓ 300 g Feta
- ✓ 4 Zwiebeln, rot
- ✓ 1 Knoblauchzehe
- ✓ Pfeffer
- ✓ Salz

Zubereitung:

1. Tomaten waschen, Zwiebeln schälen und in Spalten schneiden. Feta würfeln. Knoblauch schälen und in sehr feine Würfel schneiden.
2. Dill waschen und fein hacken.
3. Öl, Dill und Knoblauch mischen.
4. Abwechselnd Zwiebeln, Tomaten und Feta auf die Spieße stecken. Mit der Ölmischung bestreichen. 30 Minuten ziehen lassen. Salzen und pfeffern.
5. Unter Wenden für 6-8 Minuten grillen.

Kartoffel

Schwierigkeitsgrad: leicht
Portionen: 4
Vorbereitungszeit: 10 Minuten und 20 Minuten Garzeit
Grillzeit: 10 Minuten

Zutaten:

- ✓ 8 Lauchzwiebeln
- ✓ 1,5 kg Kartoffeln (festkochend und klein)
- ✓ 1 TL Koriandersamen
- ✓ 2 EL Olivenöl
- ✓ 1 EL Meersalz
- ✓ 1 Zweig Rosmarin
- ✓ Pfeffer

Zubereitung:

1. Kartoffeln waschen und in einem Topf mit Salzwasser für 20 Minuten garen.
2. Lauchzwiebeln waschen und das Grüne vom Weißen trennen. Der Länge nach halbieren.
3. Kartoffeln und Lauchzwiebeln immer abwechselnd auf den Spieß stecken.
4. Rosmarin fein hacken. Mit Pfeffer, Salz, Öl und Koriander mischen. Die Mischung auf die Kartoffeln streichen.
5. Kartoffelspieße auf dem Grill für 10 Minuten unter Wenden grillen.

Buntes Gemüse

Schwierigkeitsgrad: leicht
Portionen: 4
Vorbereitungszeit: 15 Minuten
Grillzeit: 20 Minuten

Zutaten:

- ✓ 3 EL Sonnenblumenöl
- ✓ 1 Aubergine
- ✓ 1 Zitrone
- ✓ 2 Zucchini
- ✓ 2 Zwiebeln
- ✓ 1 Paprika gelb
- ✓ 1 Paprika rot
- ✓ 500 g Cherrytomaten
- ✓ 1 Maiskolben
- ✓ Salz
- ✓ Pfeffer

Zubereitung:

1. Aubergine und Zwiebeln schälen. In Stücke schneiden.
2. Paprika waschen, Kerne und Trennwände entfernen.
3. Zucchini waschen, Enden abschneiden, der Länge nach aufschneiden und dann in Scheiben schneiden.
4. Tomaten waschen.
5. Maiskolben in dicke Scheiben schneiden.

6. Öl, Salz, Pfeffer und Saft der Zitrone mischen. Das Gemüse hineingeben und mischen.
7. Gemüse abwechselnd auf Spieße stecken.
8. Spieße an den Rand des Grillrostes legen und bei niedriger Temperatur für 20 Minuten grillen.

Champignon

Schwierigkeitsgrad: leicht
Portionen: 4
Vorbereitungszeit: 15 Minuten und 4 Stunden Einweichzeit
Grillzeit: 10 Minuten

Zutaten:

- ✓ 500 g Champignons
- ✓ 4 EL Olivenöl
- ✓ 6 EL Honig
- ✓ 3 Knoblauchzehen
- ✓ 1 Bund glatte Petersilie
- ✓ 5 Zweige Thymian
- ✓ 1 EL weißer Balsamico
- ✓ ½ TL Salz
- ✓ ½ TL Pfeffer

Zubereitung:

1. Knoblauch schälen und in dünne Scheiben schneiden.
2. Thymian und Petersilie waschen, trocknen, die Blätter abzupfen und klein schneiden.
3. Honig, Öl und Balsamico mit dem Knoblauch vermengen.
4. Alles zusammen mit dem Salz und Pfeffer vermischen, so dass eine leckere Marinade entsteht.
5. Champignons putzen.

6. Champignons mit der Marinade vermengen und im Kühlschrank für 4 Stunden durchziehen lassen. Ab und zu umrühren, damit alles gut von der Marinade bedeckt wird.
7. Champignons auf Spieße stecken.
8. Spieß an den Rand des Grillrostes legen und bei niedriger Temperatur von allen Seiten für insgesamt 10 Minuten grillen.

Paprika-Tofu

Schwierigkeitsgrad: leicht
Portionen: 4
Vorbereitungszeit: 15 Minuten und 30 Minuten marinieren
Grillzeit: 7 Minuten

Zutaten:

- ✓ 100 g Kirschtomaten
- ✓ 2 TL Sesamöl
- ✓ 6 EL Teriyaki-Sauce
- ✓ 1 Paprikaschote, rot
- ✓ 200 g Tofu
- ✓ Pfeffer

Zubereitung:

1. Tofu abtropfen lassen und in Würfel von 2 cm schneiden.
2. Teriyaki-Sauce in eine Schüssel geben, Tofu untermischen und 30 Minuten ziehen lassen.
3. Paprikaschote waschen, halbieren, Kerne sowie Trennwände entfernen und in Stücke schneiden.
4. Tomaten waschen.
5. Abwechselnd Paprika, Tofu und Tomaten auf die Spieße stecken.
6. Spieße am besten in eine Grillschale legen und unter Wenden für 7 Minuten grillen.
7. Beim Servieren mit Sesamöl beträufeln und pfeffern.

Tofu-Zucchini

Schwierigkeitsgrad: leicht
Portionen: 6
Vorbereitungszeit: 15 Minuten und 30 Minuten marinieren
Grillzeit: 5 Minuten

Zutaten:

- ✓ 1 Zucchini
- ✓ 300 g Tofu, Natur
- ✓ 4 EL Sojasauce
- ✓ 2 TL Kokosöl
- ✓ 2 EL flüssiger Honig
- ✓ Pfeffer
- ✓ Salz

Zubereitung:

1. Sojasauce, Honig und Kokosöl in einem kleinen Topf kurz erhitzen und gut verrühren.
2. Tofu in mundgerechte Stücke schneiden.
3. Zucchini waschen und in Scheiben schneiden.
4. Tofu und Zucchini im Wechsel auf die Spieße stecken und von beiden Seiten marinieren. Restliche Marinade darüber gießen und für 30 Minuten einziehen lassen.
5. Spieße auf den Grill legen und unter Wenden 5 Minuten grillen.

Vegane und Vegetarische Burger vom Grill

Vegane und vegetarische Burger kann man leicht selbst herstellen, indem man verschiedene Gemüsesorten in Scheiben schneidet und diese dann grillt. Sie dienen als Patty, das man dann mit Saucen und Salaten verfeinern kann.

Falafel-Burger

Schwierigkeitsgrad: mittel
Portionen: 4
Vorbereitungszeit: 20 Minuten
Grillzeit: 10 Minuten

Zutaten Falafel:

- ✓ 150 g Bohnen, weiß
- ✓ 3 EL Mehl
- ✓ 150 g Kichererbsen
- ✓ ¼ TL Kreuzkümmel
- ✓ 1 TL Petersilie
- ✓ 1 TL Minze
- ✓ 1 TL Koriander
- ✓ 3 Knoblauchzehen
- ✓ Salz
- ✓ Pfeffer

Weitere Zutaten:

- ✓ 4 Burger-Brötchen
- ✓ 2 TL Zitronensaft
- ✓ 4 Salatblätter
- ✓ 2 Tomaten
- ✓ 4 EL Joghurt
- ✓ ½ Salatgurke

Zubereitung:

1. Kichererbsen müssen über Nacht einweichen.
2. Bohnen und Kichererbsen in eine Schüssel geben und pürieren.
3. Knoblauch schälen und hacken. Mit den Kräutern mischen.
4. Kreuzkümmel und Mehl dazugeben und alles mit dem Kichererbsen-Püree mischen. Salzen und pfeffern.
5. Kleine flache Falafel formen.
6. Falafeln bei indirekter Hitze von jeder Seite 4 Minuten grillen.
7. In der Zwischenzeit Salat waschen.
8. Tomaten und Gurke waschen und in Scheiben schneiden.
9. Joghurt mit dem Zitronensaft mischen.
10. Burger-Brötchen aufschneiden und kurz auf dem Grill anrösten.
11. Brötchen mit Salat, Gurke und Tomate belegen. Falafel drauflegen und mit Joghurt bestreichen. Dann zweite Brötchenhälfte drauflegen.

Gemüse-Burger

Schwierigkeitsgrad: mittel
Portionen: 4
Vorbereitungszeit: 30 Minuten
Grillzeit: 13-17 Minuten

Zutaten:

- ✓ 2 Kartoffeln
- ✓ 2 Stangen Sellerie
- ✓ 2 gelbe Rüben
- ✓ 2 Möhren
- ✓ 1 Zwiebel
- ✓ ½ Salatgurke
- ✓ 60 g Haferflocken
- ✓ 1 EL Öl
- ✓ Salz
- ✓ Pfeffer
- ✓ Bei Bedarf: 1 Ei oder 1 TL Johannisbrotkernmehl hinzufügen, um die Patties fester zu machen

Weitere Zutaten:

- ✓ 4 Burger-Brötchen

Zubereitung:

1. Kartoffeln, Rüben und Möhren schälen und kleinraspeln.
2. Zwiebel schälen und in kleine Würfel schneiden.
3. Sellerie und Gurke waschen und in kleine Stücke schneiden.
4. Zwiebel mit Öl in einer Pfanne glasig dünsten und leicht abkühlen lassen.
5. Mit allen restlichen Zutaten in einer Schüssel vermengen und mit den Händen zu Burger-Patties formen.
6. Patties auf den heißen Grill geben und je Seite 6-8 Minuten braten.
7. Burger-Brötchen aufschneiden und mit den Schnittflächen nach unten jeweils 1 Minute rösten.
8. Den Burger kann man mit der eigenen Lieblingssauce und weiterem Gemüse zusammenstellen.

Bohnen-Burger

Schwierigkeitsgrad: mittel
Portionen: 4
Vorbereitungszeit: 30 Minuten
Grillzeit: 13-17 Minuten

Zutaten Patty:

- ✓ 250 g gekochte schwarze Bohnen
- ✓ 1 TL Thymian
- ✓ 3 EL Leinsamen
- ✓ ½ rote Zwiebel
- ✓ 70 g Haferflocken
- ✓ 1 TL Miso-Paste, dunkel
- ✓ 40 g Walnüsse
- ✓ 4 EL Olivenöl
- ✓ 150 g Champignons
- ✓ ½ TL Salz

Zutaten Sauce:

- ✓ 2 TL Mayonnaise, vegan
- ✓ 5 EL Sojamilch
- ✓ 1 TL Senf, mittelscharf
- ✓ ½ Chili, rot
- ✓ 15 g Cashewkerne

Weitere Zutaten:

- ✓ 2 Tomaten
- ✓ 4 Burger-Brötchen
- ✓ 2 Salzgurken
- ✓ 4 Salatblätter
- ✓ ½ Zwiebel, rot

Zubereitung:

1. Leinsamen mit 3 EL Wasser mischen. Dann 10 Minuten lang quellen lassen.
2. Zwiebel reiben und ausdrücken.
3. Champignons in feine Stücke hacken. In einer Pfanne 1 EL Öl erhitzen und die Pilze für 6 Minuten bei hoher Hitze darin braten. Anschließend Salz daruntermischen.
4. Walnüsse, Thymian, Haferflocken, Miso, Leinsamen, Zwiebel, Pilze, Bohnen und restliches Olivenöl mischen. Daraus vier Patties formen.
5. Patties auf den heißen Grill geben und je Seite 6-8 Minuten braten.
6. Nun die zusätzlichen Zutaten verwenden. Die Gurken waschen und schälen. Dann in Scheiben schneiden. Salat und Tomaten waschen.
7. Tomaten in Scheiben schneiden.
8. Brötchen aufschneiden und eine Minute auf dem Grill bräunen.
9. Vegane Mayonnaise, Sojamilch, Chili, Senf und Cashewkerne mischen. Dann pürieren.
10. Burger-Brötchen mit der Sauce bestreichen. Dann Salat, Gurke, Tomate, Zwiebel, das Patty und die zweite Brötchenhälfte darauflegen.

Soja-Burger

Schwierigkeitsgrad: mittel
Portionen: 4
Vorbereitungszeit: 20 Minuten
Grillzeit: 11 Minuten

Zutaten Patty:

- ✓ 100 g Sojagranulat
- ✓ 40 g Semmelbrösel
- ✓ 250 ml Gemüsebrühe
- ✓ 1 Knoblauchzehe
- ✓ 1 Ei
- ✓ 3 EL Öl
- ✓ 1 TL Petersilie
- ✓ 1 TL getrockneter Thymian
- ✓ 1 TL getrocknetes Basilikum
- ✓ Prise Paprikapulver
- ✓ Salz
- ✓ Pfeffer

Weitere Zutaten:

- ✓ 4 Blätter Blattsalat
- ✓ 3 Tomaten
- ✓ 1 Zwiebel
- ✓ 4 Scheiben Käse
- ✓ 2 Essiggurken
- ✓ Sauce nach Wahl (Ketchup, BBQ)
- ✓ 4 Burger-Brötchen

Zubereitung:

1. Gemüsebrühe kurz aufkochen und Sojagranulat darin 10 Minuten köcheln lassen.
2. Knoblauch schälen und pressen.
3. Knoblauch mit Salz und Pfeffer zum Soja hinzugeben.
4. Semmelbrösel, Ei, Öl, Kräuter und Gewürze hinzufügen und gut vermengen, so dass eine formbare Masse entsteht.
5. Aus dieser Masse 4 Patties formen und für 10 Minuten unter Wenden auf den Grill legen.
6. Burger-Brötchen aufschneiden und mit den Schnittflächen nach unten jeweils 1 Minute rösten.
7. Tomaten und Salat waschen und abtropfen lassen.
8. Tomaten und Gurken in Scheiben schneiden.
9. Zwiebel schälen und in Ringe schneiden.
10. Burger-Brötchen mit allen Zutaten belegen und genießen.

Tofu-Burger

Schwierigkeitsgrad: mittel
Portionen: 4
Vorbereitungszeit: 15 Minuten
Grillzeit: 9 Minuten

Zutaten Patty:

- ✓ 2 Zwiebeln, rot
- ✓ 300 g Tofu, fest
- ✓ 2 TL Johannisbrotkernmehl
- ✓ 1 Paprikaschote, rot
- ✓ 1 TL Senf, mittelscharf
- ✓ 4 EL Olivenöl
- ✓ 3 TL Paprikapulver, rosenscharf
- ✓ Pfeffer aus der Mühle
- ✓ 1 ½ TL Meersalz

Zutaten Chili-Ketchup:

- ✓ 1 EL Zitronensaft
- ✓ 90 g Tomatenmark
- ✓ 1 Prise Chili
- ✓ Schale von ¼ Zitrone
- ✓ ½ EL Agavendicksaft
- ✓ 1 TL Salz

Zutaten Avocadocreme:

- ✓ 2 Avocados
- ✓ 1 TL Cashewmus
- ✓ ½ Bund Basilikum
- ✓ Pfeffer aus der Mühle
- ✓ ½ TL Salz

Weitere Zutaten:

- ✓ 4 Tomaten
- ✓ ½ Salatgurke
- ✓ 2 Zwiebeln
- ✓ 4 Burger-Brötchen

Zubereitung:

1. Tofu mit einer Gabel klein drücken.
2. Paprika halbieren, Kerne sowie Trennwände entfernen und in kleine Stücke würfeln.
3. Zwiebeln schälen und hacken.
4. Paprika und Zwiebeln in einer Pfanne mit 2 EL Olivenöl für 5 Minuten braten.
5. Senf, 3 EL Wasser, Johannisbrotkernmehl, Tofu, Salz, Pfeffer, restliches Öl und Paprikapulver mit zu den Zwiebeln und der Paprika geben. Daraus vier Patties formen.
6. Alle Zutaten für die Avocadocreme und den Chili-Ketchup jeweils mischen und pürieren.
7. Salat, Tomaten und Gurke waschen und trocknen. Gurke und Tomate in Scheiben schneiden.
8. Patties am besten in einer Grillschale auf den Grill stellen und von jeder Seite 4 Minuten grillen.
9. Burger-Brötchen aufschneiden und mit den Schnittflächen nach unten jeweils 1 Minute rösten.
10. Untere Brötchenhälfte mit Chili-Ketchup bestreichen. Dann Salat und Gurke darauflegen.
11. Tofu-Patty auflegen, mit Avocadocreme bestreichen sowie mit Zwiebeln und Tomaten belegen. Obere Brötchenhälfte darauf platzieren.

Wassermelone-Ziegenkäse

Schwierigkeitsgrad: leicht
Portionen: 4
Vorbereitungszeit: 15 Minuten
Grillzeit: 4 Minuten

Zutaten:

- ✓ 3 EL Olivenöl
- ✓ 300 g Fleisch von der Wassermelone ohne Kerne
- ✓ 1 Chilischote, rot
- ✓ 1 TL Honig
- ✓ 200 g Ziegenweichkäse als Rolle
- ✓ 20 g Pinienkerne
- ✓ Salz
- ✓ Pfeffer

Zubereitung:

1. Wassermelonen in Dreiecke schneiden und auf Spieße stecken.
2. Auf den Grill legen und von jeder Seite 2 Minuten grillen.
3. Pinienkerne in einer Pfanne ohne Fett anrösten.
4. Die Chilischote halbieren, Kerne entnehmen und hacken.
5. Ziegenkäse in Scheiben schneiden und in vier Gläser aufteilen. Salz, Pfeffer, Olivenöl, Honig und Chili mischen. Über den Käse geben und Pinienkerne darüberstreuen.
6. Melonenspieße dazu servieren.

Ananas-Papaya

Schwierigkeitsgrad: leicht
Portionen: 4
Vorbereitungszeit: 20 Minuten
Grillzeit: 12 Minuten

Zutaten:

- ✓ 200 g Papaya
- ✓ 4 Stangen Zitronengras
- ✓ 8 Physalis
- ✓ 100 g Karambole, klein
- ✓ 1 Bio-Limette
- ✓ 15 g Ingwer
- ✓ 100 g Ananas, frisch
- ✓ 1 EL Honig

Zubereitung:

1. Zitronengras waschen und die Stangen der Länge nach halbieren.
2. Limette mit heißem Wasser abwaschen, trocknen und Schale abreiben.
3. Ingwer schälen und fein hacken.
4. Limette halbieren, Saft auspressen und diesen mit Honig, Schalenabrieb sowie Ingwer mischen.

5. Karambole waschen und in Scheiben schneiden.
6. Physalis waschen.
7. Papaya schälen und in Stücke schneiden.
8. Ananas in mundgerechte Stücke schneiden.
9. Früchte auf das Zitronengras spießen und mit der Marinade bestreichen.
10. Spieße auf den Grill legen. Für 6 Minuten von jeder Seite grillen.

Birne-Gorgonzola-Walnüsse

Schwierigkeitsgrad: leicht
Portionen: 6
Vorbereitungszeit: 25 Minuten
Grillzeit: 5 Minuten

Zutaten:

- ✓ 75 g Walnusskerne
- ✓ 900 g Birnen
- ✓ 2 EL Honig, flüssig
- ✓ 175 ml Birnensaft
- ✓ 1 Zimtstange
- ✓ 1 Vanilleschote
- ✓ 150 g Gorgonzola

Zubereitung:

1. Vanilleschote der Länge nach aufschneiden und das Mark herauskratzen.
2. Birnen schälen und in Spalten schneiden.
3. Vanilleschote, Honig, Zimtstange und Birnensaft in einen Topf geben und aufkochen.
4. Birnen dazufügen, auf mittlere Stufe stellen und 8 Minuten garen.
5. Von Alufolie 6 große Stücke abschneiden und einfetten.
6. Birnen auf die Folie geben und mit dem gewürzten Birnensaft aus dem Topf übergießen.
7. Walnüsse hacken.

8. Rinde vom Gorgonzola abschneiden. Käse und Nüsse auf den Birnen verteilen.
9. Aus der Alufolie kleine Päckchen falten und diese auf dem Grill 5 Minuten garen.

Wassermelone-Halloumi

Schwierigkeitsgrad: leicht
Portionen: 4
Vorbereitungszeit: 10 Minuten
Grillzeit: 5 Minuten

Zutaten:

- ✓ 650 g Wassermelone
- ✓ 350 g Halloumi
- ✓ 4 EL Olivenöl
- ✓ 1 EL Zitronensaft
- ✓ Pfeffer
- ✓ Salz

Zubereitung:

1. Wassermelone aufschneiden und in gleich große mundgerechte Stücke schneiden.
2. Halloumi in Würfel schneiden.
3. Abwechselnd Melone und Halloumi auf Spieße stecken.
4. Öl, Zitronensaft, Salz und Pfeffer mischen und die Spieße damit bestreichen.
5. Die Spieße auf den Grill legen und unter Wenden 5 Minuten grillen.

Nektarinen

Schwierigkeitsgrad: leicht
Portionen: 4
Vorbereitungszeit: 5 Minuten
Grillzeit: 10 Minuten

Zutaten:

- ✓ 1 TL Pflanzenöl
- ✓ 4 Nektarinen
- ✓ 1 EL Honig, flüssig
- ✓ 1 EL Zitronensaft

Zubereitung:

1. Nektarinen waschen, halbieren und Kern entfernen.
2. Honig mit dem Zitronensaft mischen. Damit die Schnittflächen der Nektarinen bestreichen.
3. Nektarinen auf den Grill legen und unter Wenden 10 Minuten garen.

Obstspieße

Schwierigkeitsgrad: leicht
Portionen: 4
Vorbereitungszeit: 15 Minuten
Grillzeit: 6 Minuten

Zutaten:

- ✓ 200 g Ananasfruchtfleisch
- ✓ 2 EL Limettensaft
- ✓ 1 Orange
- ✓ 3 EL Honig
- ✓ 1 Birne
- ✓ 2 Stiele Minze
- ✓ 100 g Erdbeeren
- ✓ 2 EL Honig
- ✓ 250 g Joghurt, Natur

Zubereitung:

1. Ananas in mundgerechte Stücke schneiden.
2. Orange schälen und in Spalten schneiden.
3. Erdbeeren waschen und halbieren.
4. Birnen waschen, in Viertel schneiden und Kerngehäuse entfernen. Dann in mundgerechte Stücke schneiden.
5. Obst abwechselnd auf Spieße stecken.
6. Spieße unter Wenden auf dem Grill für 6 Minuten garen.
7. In der Zwischenzeit Minze waschen, Blätter von den Stielen zupfen und fein hacken.
8. Honig, Saft der Limette, Minze und Joghurt mischen. Dip zu den Spießen servieren.

Aprikosen

Schwierigkeitsgrad: leicht
Portionen: 4
Vorbereitungszeit: 10 Minuten
Grillzeit: 8 Minuten

Zutaten:

- ✓ 8 Zweige Rosmarin
- ✓ 4 EL Olivenöl
- ✓ 12 große Aprikosen
- ✓ Chiliflocken
- ✓ 350 g Joghurt
- ✓ ¼ TL Kurkumapulver
- ✓ 1 TL Senf
- ✓ Salz
- ✓ Pfeffer

Zubereitung:

1. Rosmarin waschen und Nadeln abstreifen.
2. Aprikosen waschen, halbieren und Kerne entfernen. Dann auf die Zweige des Rosmarins spießen.
3. Spieße auf den Grill legen und unter Wenden 8 Minuten garen.
4. Kurkuma, Salz, Pfeffer, Senf und Jogurt mischen.
5. Spieße mit Olivenöl beträufeln und Chili bestreuen. Dazu den Dip reichen.

Mango-Minze

Schwierigkeitsgrad: leicht
Portionen: 4
Vorbereitungszeit: 40 Minuten
Grillzeit: 8 Minuten

Zutaten:

- ✓ 6 EL Naturjoghurt
- ✓ 1 Chilischote, grün
- ✓ 2 EL Agavendicksaft
- ✓ 4 Bund Minze
- ✓ 2 EL Zitronensaft
- ✓ 4 Mangos, reif
- ✓ 10 g Ingwer
- ✓ 2 EL Wasser

Zubereitung:

1. Mangos schälen und Kern entfernen. Fruchtfleisch in mundgerechte Stücke schneiden.
2. Mango auf kleine Spieße stecken und auf dem Grill unter Wenden 8 Minuten garen.
3. In der Zwischenzeit Chili waschen, entkernen und würfeln.
4. Minze waschen und grob hacken.
5. Ingwer schälen und würfeln.
6. Ingwer, Agavendicksaft, Minze, Chili, 2 EL Wasser und Zitronensaft mischen. Joghurt dazugeben und Sauce für 30 Minuten kalt stellen.
7. Mango mit der Minzsauce servieren.

Wassermelone-Zitronenmelisse-Macadamia

Schwierigkeitsgrad: leicht
Portionen: 4
Vorbereitungszeit: 25 Minuten
Grillzeit: 10 Minuten

Zutaten:

- ✓ 20 g Mandelblättchen
- ✓ 1 kg Wassermelone
- ✓ 2 Bund Zitronenmelisse
- ✓ ½ Limette
- ✓ 6 Macadamianüsse
- ✓ 8 EL Ahornsirup

Zubereitung:

1. Melone in acht gleich große Scheiben schneiden. Kerne entfernen und von der Schale trennen.
2. Mandelblättchen in einer Pfanne ohne Fett anrösten. Nüsse fein hacken und dazugeben. Abkühlen lassen.
3. Melisse waschen, trocknen und hacken.
4. Nüsse und Melisse in einem Mixer zerkleinern.
5. Limette auspressen. 2 EL Saft werden benötigt.
6. Ahornsirup und Limettensaft mit den Nüssen mischen.
7. Melonenscheiben auf den Grill geben und für 5 Minuten von jeder Seite grillen.
8. Mit der Nussmischung servieren.

Ananas

Schwierigkeitsgrad: leicht
Portionen: 4
Vorbereitungszeit: 10 Minuten
Grillzeit: 5 Minuten

Zutaten:

- ✓ 1 Bio-Zitrone
- ✓ 800 g Ananas
- ✓ 1 EL Butter, flüssig
- ✓ 1 EL Honig

Zubereitung:

1. Ananas unten und oben abschneiden.
2. Ananas schälen, in Viertel schneiden und den Strunk entfernen. Dann in mundgerechte Stücke schneiden.
3. Die Stücke auf Spieße stecken.
4. Butter mit dem Honig mischen und die Ananasspieße damit bestreichen.
5. Zitrone mit heißem Wasser abwaschen, die Schale abreiben und auf die Ananas streuen.
6. Ananasspieße unter Wenden für 5 Minuten grillen.

Nektarinen-Creme

Schwierigkeitsgrad: mittel
Portionen: 4
Vorbereitungszeit: 25 Minuten
Grillzeit: 10 Minuten

Zutaten:

- ✓ 150 ml Sahne
- ✓ 2 EL Kokosblütenzucker
- ✓ 150 ml Milch
- ✓ 1 EL Rapsöl
- ✓ ½ Vanilleschote
- ✓ 1 EL Honig
- ✓ 3 Eigelbe
- ✓ 4 Nektarinen

Zubereitung:

1. Vanilleschote der Länge nach aufschneiden und Mark herauskratzen.
2. Sahne, Milch und Vanillemark in einem Topf aufkochen.
3. Kokosblütenzucker mit Eigelben mischen. Vorsichtig die Sahnemischung zu den Eigelben rühren. Danach alles in einem Topf bei kleiner Hitze erhitzen.
4. Nektarinen waschen, halbieren und Kerne entfernen.
5. Nektarinen am besten in eine Grillschale legen und mit Honig und Rapsöl bestreichen. Dann von jeder Seite für 5 Minuten grillen.
6. Sauce zu den Nektarinen servieren.

Erdbeer-Banane-Kokos

Schwierigkeitsgrad: leicht
Portionen: 4
Vorbereitungszeit: 15 Minuten
Grillzeit: 4 Minuten

Zutaten:

- ✓ 400 g Erdbeeren
- ✓ 500 g Bananen
- ✓ 50 g Kokosraspel
- ✓ 2 EL Honig
- ✓ 1 EL Zitronensaft

Zubereitung:

1. Erdbeeren waschen und halbieren.
2. Bananen schälen und in Stücke schneiden.
3. Honig mit dem Zitronensaft mischen.
4. Bananen und Erdbeeren mit dem Honig bestreichen und in den Kokosraspeln wenden.
5. Abwechselnd Erdbeeren und Bananen auf Spieße stecken.
6. Spieße auf den Grill legen und unter Wenden für 4 Minuten grillen.

Apfel-Quark

Schwierigkeitsgrad: leicht
Portionen: 4
Vorbereitungszeit: 10 Minuten
Grillzeit: 5 Minuten

Zutaten:

- ✓ 400 g Quark
- ✓ 2 Äpfel
- ✓ 1 EL Apfelsaft
- ✓ 15 g Butter
- ✓ 3 EL Honig
- ✓ ¼ TL Vanillepulver

Zubereitung:

1. Apfelsaft, 1 EL Honig und Butter mischen.
2. Äpfel waschen, unten und oben abschneiden, Kerngehäuse entfernen und in Scheiben schneiden.
3. Apfelscheiben mit der Honigmischung bestreichen.
4. Scheiben auf den Grill legen und unter Wenden für 5 Minuten grillen.
5. Vanillepulver mit dem restlichen Honig und Quark mischen. Diesen zu den Äpfeln servieren.

Ananas-Nektarinen

Schwierigkeitsgrad: leicht
Portionen: 6
Vorbereitungszeit: 20 Minuten
Grillzeit: 10 Minuten

Zutaten:

- ✓ 1 Zitrone
- ✓ 4 Zweige Rosmarin
- ✓ 1 Ananas
- ✓ 6 Nektarinen
- ✓ 30 ml Honig, flüssig

Zubereitung:

1. Nektarinen waschen, halbieren und Kerne entfernen.
2. Ananas halbieren, den Strunk entfernen und in mundgerechte Stücke schneiden.
3. Rosmarin waschen und Nadeln abzupfen.
4. Die Schnittflächen der Nektarinen mit dem Saft der Zitrone beträufeln.
5. Rosmarin darüberstreuen.
6. Obst in eine Grillschale geben und unter Wenden für 10 Minuten auf dem Grill garen.

Pfirsich

Schwierigkeitsgrad: leicht
Portionen: 4
Vorbereitungszeit: 10 Minuten und 15 Minuten marinieren
Grillzeit: 3 Minuten

Zutaten:

- ✓ 4 Pfirsiche
- ✓ 75 g Akazienhonig
- ✓ 4 Zweige Rosmarin
- ✓ 2 EL roter Pfeffer

Zubereitung:

1. Pfirsiche häuten, halbieren und Kern entfernen.
2. Rosmarin waschen, Blätter abzupfen und klein hacken. Mit dem Honig vermischen.
3. Pfirsiche in Honig-Rosmarin-Mischung für 15 Minuten marinieren.
4. Pfirsiche mit den Schnittflächen auf den Grill legen und für 3 Minuten grillen.
5. Pfeffer auf die Pfirsiche geben und servieren.

14.6.22

Curry-Banane

Schwierigkeitsgrad: leicht
Portionen: 4
Vorbereitungszeit: 5 Minuten
Grillzeit: 6 Minuten

Zutaten:

- ✓ 4 Bananen
- ✓ 1 TL Currypulver
- ✓ 4 EL Semmelbrösel
- ✓ 2 EL Öl

Zubereitung:

1. Bananen schälen und einölen.
2. Curry und Semmelbröseln mischen.
3. Bananen panieren.
4. Bananen auf den Grill legen und 6 Minuten unter Wenden rösten.

Aprikosen-Frischkäse

Schwierigkeitsgrad: leicht
Portionen: 4
Vorbereitungszeit: 10 Minuten
Grillzeit: 10 Minuten

Zutaten:

- ✓ 36 Aprikosen
- ✓ 300 g Frischkäse
- ✓ 4 EL Kokosblütenzucker

Zubereitung:

1. Aprikosen waschen und vorsichtig auf einer Seite einschneiden. Kern entfernen.
2. Frischkäse mit dem Zucker mischen und gut durchmischen.
3. Frischkäse in die Aprikosen füllen.
4. Aprikosen auf Spieße stecken und für 10 Minuten unter Wenden grillen.

Pikante Ananas

Schwierigkeitsgrad: leicht
Portionen: 4
Vorbereitungszeit: 15 Minuten und 30 Minuten marinieren
Grillzeit: 4 Minuten

Zutaten:

- ✓ 2 EL Sesamöl
- ✓ 1 Ananas
- ✓ 1 EL Koriandersamen
- ✓ 2 Chilischoten
- ✓ 2 Limetten
- ✓ 1 TL Honig
- ✓ 4 Stiele Minze

Zubereitung:

1. Chili waschen, halbieren, Kerne entfernen und in Streifen schneiden.
2. Limetten mit heißem Wasser abwaschen. Aus einer Limette den Saft auspressen, die andere in Scheiben schneiden.
3. Ananas schälen, in Viertel schneiden und den Strunk entfernen. Dann in Spalten schneiden.
4. Koriander in einem Mörser zerkleinern.
5. Minze waschen und fein hacken.
6. Honig, Koriander, Minze, Chili, Limettensaft und Sesamöl mischen.

7. Ananas auf Spieße stecken. Diese in die Mischung aus den Limettenscheiben und der Honigsauce geben und für 30 Minuten marinieren.
8. Spieße in eine Grillschale legen und von jeder Seite für 2 Minuten grillen.

Mango-Tofu

Schwierigkeitsgrad: mittel
Portionen: 4
Vorbereitungszeit: 10 Minuten und 15 Minuten marinieren
Grillzeit: 10 Minuten

Zutaten:

- ✓ 350 g Tofu, geräuchert
- ✓ 1 Mango
- ✓ 2 EL Sojasauce
- ✓ 1 EL Zitronensaft
- ✓ 2 EL Olivenöl
- ✓ Etwas geriebener Ingwer

Zubereitung:

1. Mango schälen und in etwa gleich große Stücke schneiden.
2. Tofu würfeln.
3. Sojasauce, Olivenöl, Zitronensaft und geriebenen Ingwer in einer kleinen Schüssel miteinander vermischen.
4. Tofu in die Marinade einlegen und 15 Minuten ruhen lassen.
5. Tofu und Mango abwechselnd auf Spieße stecken und für 10 Minuten unter Wenden grillen.

Schokobananen

Schwierigkeitsgrad: leicht
Portionen: 4
Vorbereitungszeit: 10 Minuten
Grillzeit: 10 Minuten

Zutaten:

- ✓ 1 TL Rapsöl
- ✓ 4 Bananen
- ✓ 100 g Vollmilchschokolade
- ✓ 2 EL Zitronensaft

Zubereitung:

1. Bananen der Länge nach zur Hälfte schälen.
2. Das Fruchtfleisch mit einem Messer längs einschneiden und mit Zitronensaft beträufeln.
3. Die Schokolade in kleine Stücke brechen und diese in die Schnitte der Bananen stecken.
4. Banane am besten in eine Grillschale geben. Mit der Hautseite nach unten für 10 Minuten garen.

Pfirsich-Mango-Rucola

Schwierigkeitsgrad: mittel
Portionen: 4
Vorbereitungszeit: 15 Minuten
Grillzeit: 8 Minuten

Zutaten:

- ✓ 3 Pfirsiche
- ✓ 60 g Parmesan
- ✓ Halbe Mango
- ✓ 150 g Rucola
- ✓ 5 EL Balsamico
- ✓ 5 EL Olivenöl
- ✓ Salz
- ✓ Pfeffer

Zubereitung:

1. Pfirsiche waschen und in kleine Stücke schneiden.
2. Mango schälen und würfeln.
3. Beides auf dem Grill für 8 Minuten anrösten.
4. Rucola waschen und abtropfen lassen.
5. Balsamico, Öl und Salz und Pfeffer zu einem Dressing vermischen.
6. Salat mit dem Dressing vermengen und auf Tellern verteilen.
7. Pfirsich und Mango über den Salat anrichten.
8. Parmesan über den Salat raspeln.

Erdbeerspieße

Schwierigkeitsgrad: leicht
Portionen: 4
Vorbereitungszeit: 15 Minuten
Grillzeit: 5 Minuten

Zutaten:

- ✓ 100 ml Sahne
- ✓ 24 Erdbeeren
- ✓ 1 Bio-Zitrone
- ✓ 100 g Magerquark
- ✓ 8 Zweige Rosmarin
- ✓ 3 EL Honig, flüssig

Zubereitung:

1. Zitrone mit heißem Wasser abwaschen. Schale abreiben und Saft auspressen. Diesen mit 2 EL Honig mischen.
2. Erdbeeren waschen. Nadeln vom Rosmarin streifen. Erdbeeren auf die Rosmarinzweige stecken und mit der Honigmischung bestreichen.
3. Spieße auf dem Grill unter Wenden 5 Minuten garen.
4. Restlichen Honig mit Quark mischen. Sahne steif schlagen und zusammen mit der Zitronenschale zum Quark geben und vorsichtig unterheben.
5. Erdbeerspieße mit dem Quark servieren.

Knoblauch-Dill

Portionen: 4
Zubereitungsdauer: 10 Minuten

Zutaten:

- ✓ 200 g Crème fraîche
- ✓ 5 Knoblauchzehen
- ✓ 200 g saure Sahne
- ✓ ½ TL Dill
- ✓ Salz
- ✓ Pfeffer

Zubereitung:

1. Knoblauch schälen und pressen.
2. Dann alle Zutaten zusammenmischen.

Schafskäse-Quark

Portionen: 6
Zubereitungsdauer: 15 Minuten

Zutaten:

- ✓ 100 g Schafskäse
- ✓ 250 g Quark
- ✓ 2 Knoblauchzehen
- ✓ 6 Stiele frische Petersilie
- ✓ 1 Bio-Zitrone
- ✓ 4 EL Wasser
- ✓ Salz
- ✓ Pfeffer

Zubereitung:

1. Knoblauch schälen und klein pressen.
2. Petersilie waschen, trocknen und klein hacken.
3. Zitrone heiß abwaschen und Schale abreiben.
4. Alles miteinander vermischen und kühl stellen.

Dill-Quark

Portionen: 4
Zubereitungsdauer: 10 Minuten

Zutaten:

- ✓ 300 g Schmand
- ✓ Zwiebelpulver
- ✓ 500 g Magerquark
- ✓ 50 g Dill
- ✓ Salz
- ✓ Pfeffer

Zubereitung:

1. Schmand mit dem Quark mischen.
2. Dill waschen, fein hacken und untermischen.
3. Mit Zwiebelpulver, Salz und Pfeffer abschmecken.

Portionen: 6
Zubereitungsdauer: 10 Minuten

Zutaten:

- ✓ 5 EL Milch
- ✓ 3 Stiele Oregano
- ✓ 3 Stiele Thymian
- ✓ 500 g Magerquark
- ✓ Gemische italienische Kräuter (nach Belieben)
- ✓ Salz
- ✓ Pfeffer

Zubereitung:

1. Oregano und Thymian waschen, die Blätter von den Stielen abzupfen sowie klein schneiden.
2. Alles miteinander vermischen und kühl stellen.

Chili-Koriander

Portionen: 4
Zubereitungsdauer: 15 Minuten

Zutaten:

- ✓ 1 Bio-Zitrone
- ✓ 4 Chilischoten, rot
- ✓ 150 ml saure Sahne
- ✓ ½ Bund Koriander
- ✓ 150 g Mayonnaise, vegan
- ✓ 4 Lauchzwiebeln
- ✓ 2 Knoblauchzehen
- ✓ 1 Prise Zucker
- ✓ Salz
- ✓ Pfeffer

Zubereitung:

1. Chili waschen, auf ein Backblech legen und bei höchster Stufe 5 Minuten grillen.
2. Wenn die Haut aufplatzt, dem Ofen entnehmen, Kerne und Stängel entfernen. Restliche Chili grob zerkleinern.
3. Koriander und Lauchzwiebeln waschen und grob hacken.
4. Knoblauch schälen und klein schneiden.
5. Mayonnaise, saure Sahne, Chili, Lauchzwiebel, Knoblauch und Koriander in einem Mixer zerkleinern.
6. Danach Salz, Pfeffer, Abrieb der Biozitrone und Saft der Biozitrone sowie Zucker hinzufügen und gut rühren.

Hummus

Portionen: 4
Zubereitungsdauer: 15 Minuten

Zutaten:

- ✓ 400 g Kichererbsen aus der Dose
- ✓ 2 Knoblauchzehen
- ✓ 1 ½ Zitronen
- ✓ 1 Bund Petersilie
- ✓ 2 EL Tahin
- ✓ 1 Chilischote
- ✓ 2 EL Olivenöl
- ✓ ½ TL Kreuzkümmel
- ✓ Chilipulver
- ✓ Salz
- ✓ Pfeffer

Zubereitung:

1. Kichererbsen in ein Sieb geben und gründlich waschen. Abtropfen lassen und in einen Mixer geben (falls vorhanden). Alternativ in eine Schüssel füllen.
2. Knoblauch schälen und klein schneiden.
3. Zitronen auspressen.
4. Alles gemeinsam mit dem Olivenöl und der Tahinpaste mixen, damit es eine Creme wird. Wenn es zu fest ist, ein bisschen Wasser hinzufügen.
5. Chilischote waschen, entkernen und klein schneiden.

6. Petersilie waschen und fein hacken.
7. Alles miteinander vermischen und zum Schluss mit den Gewürzen verfeinern.

Aioli

Portionen: 4
Zubereitungsdauer: 10 Minuten

Zutaten:

- ✓ 150 ml Olivenöl
- ✓ 70 ml Milch (Pflanzenmilch ist ebenfalls geeignet)
- ✓ 2 Knoblauchzehen
- ✓ Salz
- ✓ Pfeffer

Zubereitung:

1. Knoblauchzehen schälen und pressen.
2. Dann alle Zutaten miteinander gut mischen.

Curry

Portionen: 4
Zubereitungsdauer: 5 Minuten

Zutaten:

- ✓ 1 TL Erdbeerkonfitüre
- ✓ 200 g Mayonnaise, vegan
- ✓ 1 EL Currypulver
- ✓ 1 Spritzer Zitronensaft
- ✓ 50 ml Milch

Zubereitung:

1. Mayonnaise mit der Milch mischen.
2. Andere Zutaten hinzugeben und mischen.
3. Dip einige Stunden im Kühlschrank stehen lassen.

Feta-Tomate

Portionen: 4
Zubereitungsdauer: 5 Minuten

Zutaten:

- ✓ 1 Prise Oregano
- ✓ 200 g Fetakäse
- ✓ 1 TL Basilikum, getrocknet
- ✓ 2 Knoblauchzehen
- ✓ 6 Tomaten, in Öl eingelegt
- ✓ 200 g Frischkäse
- ✓ Salz
- ✓ Pfeffer

Zubereitung:

1. Alle Zutaten grob zerkleinern und in einem Mixer mischen.

Paprika-Tomate-Feta

Portionen: 4
Zubereitungsdauer: 10 Minuten

Zutaten:

- ✓ 1 Knoblauchzehe
- ✓ 180 g Tomaten, in Öl eingelegt
- ✓ 200 g Paprikaschoten
- ✓ 200 g Fetakäse

Zubereitung:

1. Paprika waschen, halbieren, Kerne und Trennwände entfernen. Dann auf den Grill legen bis sich die Haut abziehen lässt.
2. Knoblauch schälen und in einen Mixer geben. Paprika, Tomaten und Feta dazugeben und mischen.

Cashew

Portionen: 4
Zubereitungsdauer: 10 Minuten

Zutaten:

- ✓ 100 ml Kokosmilch
- ✓ 100 g Cashewkerne (am besten vorher 2 Stunden eingeweicht)
- ✓ 1 TL Zitronensaft
- ✓ 1 EL Agavendicksaft
- ✓ ½ TL Currypaste, rot
- ✓ Salz
- ✓ Pfeffer

Zubereitung:

1. Cashewkerne und Kokosmilch im Mixer pürieren.
2. Zitronensaft, Agavendicksaft und Currypaste hinzufügen und kurz mixen.
3. Mit Gewürzen abschmecken.

Feta-Gurke-Frischkäse 14.6.22

Portionen: 4
Zubereitungsdauer: 10 Minuten

Zutaten:

- ✓ ¼ Salatgurke
- ✓ 1 Packung Frischkäse, Natur
- ✓ 1 Knoblauchzehe
- ✓ 1 Zwiebel
- ✓ 200 g Fetakäse
- ✓ Salz
- ✓ Pfeffer

Zubereitung:

1. Gurke halbieren, Kerne entfernen und grob schneiden.
2. Zwiebel schälen und grob schneiden.
3. Knoblauch schälen.
4. Zwiebel, Gurke, Knoblauch, Frischkäse und Feta in einen Mixer geben und klein mixen.
5. Mit Salz und Pfeffer abschmecken.

Barbecue

Portionen: 4
Zubereitungsdauer: 60 Minuten, am besten am Vortag zubereiten

Zutaten:

- ✓ 200 g passierte Tomaten aus der Dose
- ✓ 1 TL Sojasauce
- ✓ 1 EL Worcestersauce
- ✓ 1 EL Zucker (braun)
- ✓ 25 ml Apfelessig
- ✓ 1 Knoblauchzehe
- ✓ 2 EL Ahornsirup
- ✓ 1 EL Tomatenmark
- ✓ 1 EL Olivenöl
- ✓ 2 TL Kreuzkümmel
- ✓ Chilipulver
- ✓ Salz und Pfeffer

Zubereitung:

1. Knoblauch schälen und fein hacken.
2. Öl in einem Topf erhitzen und den Knoblauch kurz anbraten.
3. Tomaten, Ahornsirup, Zucker, Chilipulver, Kreuzkümmel, Salz, Pfeffer und Tomatenmark hinzufügen.
4. Alles gut miteinander mischen und aufkochen lassen. Danach für 30 Minuten köcheln lassen und immer wieder umrühren.
5. Zuletzt Worcestersauce, Apfelessig und Sojasauce einrühren und erneut für 15 Minuten einkochen.
6. Sauce abkühlen lassen und in den Kühlschrank geben.

Tomate-Ricotta

Portionen: 4
Zubereitungsdauer: 15 Minuten

Zutaten:

- ✓ 2 Knoblauchzehen
- ✓ 300 g Ricotta
- ✓ 2 EL Öl
- ✓ 10 Tomaten, in Öl eingelegt
- ✓ 1 EL Thymian, getrocknet
- ✓ 1 EL Honig
- ✓ Salz
- ✓ Pfeffer

Zubereitung:

1. Honig in einem kleinen Topf erwärmen und Thymian hinzugeben. Dann vom Herd nehmen und für 10 Minuten durchziehen lassen.
2. Tomaten hacken. Knoblauch schälen und hacken.
3. Alle Zutaten in einen Mixer geben und mischen. Salzen und pfeffern.

Limette-Avocado

Portionen: 2
Zubereitungsdauer: 15 Minuten

Zutaten:

- ✓ 1 Chili, rot
- ✓ 2 Avocados
- ✓ 1 Limette
- ✓ 30 g Walnüsse
- ✓ 1 Becher Schmand
- ✓ Salz
- ✓ Pfeffer

Zubereitung:

1. Avocados halbieren, Kern entfernen und Fruchtfleisch entnehmen.
2. Walnüsse hacken und Saft der Limette auspressen.
3. Chili fein hacken.
4. Alle Zutaten in einen Mixer geben und mischen.

Kräuterbutter

Portionen: 4
Zubereitungsdauer: 10 Minuten

Zutaten:

- ✓ 250 g warme Butter
- ✓ 50 g gemischte Kräuter
- ✓ 3 EL Senf
- ✓ 1 EL Zitronensaft
- ✓ 1 TL Worcestersauce
- ✓ Prise Muskat
- ✓ Prise Cayennepfeffer
- ✓ Salz
- ✓ Pfeffer

Zubereitung:

1. Butter schaumig schlagen.
2. Senf und Kräuter hinzufügen und gut durchmixen.
3. Restliche Zutaten dazugeben und erneut vermischen.
4. Butter in eine Schale füllen und im Kühlschrank abkühlen lassen.

Kräuter

Portionen: 4
Zubereitungsdauer: 15 Minuten

Zutaten:

- ✓ 1 Knoblauchzehe
- ✓ 1 Chilischote, rot
- ✓ 1 Bund Petersilie
- ✓ ½ Bund Koriander
- ✓ ½ Zitrone
- ✓ 2 TL Tahin
- ✓ 1 EL Ahornsirup
- ✓ 2 EL Olivenöl
- ✓ Prise Kardamompulver
- ✓ Salz
- ✓ Pfeffer

Zubereitung:

1. Petersilie und Koriander waschen, abtrocknen und fein hacken.
2. Chilischote waschen, halbieren, Kerne herauslösen und fein schneiden.
3. Knoblauch schälen und klein würfeln.
4. Zitrone entsaften.
5. Olivenöl, Zitronensaft, Tahin, Ahornsirup vermischen und die Kräuter unterheben. Eventuell Wasser dazugeben.
6. Mit Salz, Pfeffer und Kardamom abschmecken.

Chili-Paprika

Portionen: 6
Zubereitungsdauer: 15 Minuten

Zutaten:

- ✓ 1 Chilischote, rot
- ✓ 1 Knoblauchzehe
- ✓ 3 halbe Paprikaschoten nach Wahl
- ✓ 1 Spritzer Limettensaft
- ✓ 1 EL Chilisauce
- ✓ 8 Tomaten, in Öl eingelegt
- ✓ 1 Glas Mangosaft
- ✓ 1 Schalotte
- ✓ 2 EL Olivenöl
- ✓ Salz
- ✓ Pfeffer

Zubereitung:

1. Paprika und Chili entkernen, waschen und in Stücke schneiden.
2. Knoblauch und Schalotte schälen und hacken.
3. Tomaten etwas zerkleinern.
4. Alle Zutaten in einen Mixer geben und mischen.

Erdbeerketchup

Portionen: 6
Zubereitungsdauer: 20 Minuten

Zutaten:

- ✓ 300 g Erdbeeren
- ✓ 50 g Tomatenmark
- ✓ 50 g rote Zwiebeln
- ✓ 8 Basilikumblätter
- ✓ ½ Chilischote, rot
- ✓ 2 EL flüssiger Honig
- ✓ 3 EL Olivenöl
- ✓ 3 EL dunkler Balsamico
- ✓ ½ TL Zimt
- ✓ 2 EL Wasser
- ✓ Salz
- ✓ Pfeffer

Zubereitung:

1. Erdbeeren waschen und klein würfeln.
2. Zwiebeln und Knoblauch schälen und klein schneiden.
3. Chilischote waschen, halbieren, Kerne herauslösen und in kleine Stücke schneiden.
4. 1 EL Öl in der Pfanne erhitzen und Zwiebeln, Knoblauch und Chili kurz dünsten.
5. Erdbeeren, restliches Öl, Tomatenmark, Balsamico, Honig und Wasser hinzufügen und kurz köcheln lassen.

6. Wenn die Mischung leicht abgekühlt ist, zusammen mit dem Basilikum in einem Mixer zu einer Creme pürieren.
7. Salz, Pfeffer und Zimt nach Geschmack hinzufügen und dann alles in einen Behälter füllen.

Knoblauchsauce

Portionen: 4
Zubereitungsdauer: 5 Minuten

Zutaten:

- ✓ 100 g Mayonnaise, vegan
- ✓ 200 g Schmand
- ✓ 1 EL Sambal Oelek
- ✓ 4 Knoblauchzehen
- ✓ Salz
- ✓ Pfeffer

Zubereitung:

1. Knoblauchzehen schälen und pressen.
2. Dann alle Zutaten miteinander mischen.

Dattel-Frühlingszwiebel

Portionen: 6
Zubereitungsdauer: 10 Minuten

Zutaten:

- ✓ 1 Prise Cayennepfeffer
- ✓ 200 g Schmand
- ✓ Etwas Milch
- ✓ 1 Bund Frühlingszwiebeln
- ✓ 150 Soft-Datteln ohne Stein
- ✓ 250 g Frischkäse
- ✓ Salz
- ✓ Pfeffer

Zubereitung:

1. Frühlingszwiebeln waschen und klein schneiden. Datteln etwas zerkleinern.
2. Alle Zutaten mischen und in einem Mixer pürieren.

Paprika-Zwiebel

Portionen: 2
Zubereitungsdauer: 30 Minuten

Zutaten:

- ✓ 500 ml Sonnenblumenöl
- ✓ 1 Paprikaschote, grün
- ✓ 1 Paprikaschote, rot
- ✓ 1 Peperoni, rot
- ✓ 1 Peperoni, grün
- ✓ 1 Bund Petersilie
- ✓ 1 Chilischote
- ✓ Cayennepfeffer
- ✓ 3 Zwiebeln
- ✓ Salz
- ✓ Pfeffer

Zubereitung:

1. Chili, Peperoni und Paprikaschoten entkernen und zerkleinern. Zwiebeln schälen und ebenfalls klein schneiden.
2. Alle Zutaten in einen Mixer geben und pürieren.

Avocado-Zaziki

Portionen: 2
Zubereitungsdauer: 15 Minuten

Zutaten:

- ✓ 2 TL Zitronensaft
- ✓ 1 Avocado
- ✓ 1 TL Minze, gehackt
- ✓ 100 g Joghurt
- ✓ 1 Knoblauchzehe
- ✓ ½ Gurke, geraspelt
- ✓ Paprikapulver
- ✓ Salz
- ✓ Pfeffer

Zubereitung:

1. Avocado halbieren, Kern entfernen und Fruchtfleisch klein schneiden.
2. Knoblauch schälen und pressen.
3. Alle Zutaten in einen Mixer geben und mischen.

Zitronen-Olive

Portionen: 4
Zubereitungsdauer: 10 Minuten

Zutaten:

- ✓ 100 g schwarze und grüne Oliven gemischt
- ✓ 300 g Joghurt
- ✓ 50 ml süße Sahne
- ✓ 2 Knoblauchzehen
- ✓ 1 Zitrone
- ✓ Salz
- ✓ Pfeffer

Zubereitung:

1. Joghurt und süße Sahne vermischen.
2. Zitrone auspressen und Saft zum Joghurt hinzugeben.
3. Knoblauch schälen und fein hacken.
4. Oliven klein schneiden.
5. Salzen und pfeffern. Alles miteinander vermischen und kühl stellen.

Salsa

Portionen: 4
Zubereitungsdauer: 15 Minuten

Zutaten:

- ✓ 150 g Joghurt, Natur
- ✓ 4 Tomaten
- ✓ 200 g Fetakäse
- ✓ 1 Bund Lauchzwiebeln
- ✓ 1 Becher Crème fraîche
- ✓ 1 Flasche Chilisalsa

Zubereitung:

1. Crème fraîche, Joghurt und Fetakäse mischen. In eine Auflaufform geben und Salsa-Sauce einfach darauf streichen, nicht mischen.
2. Lauchzwiebeln waschen und in feine Ringe schneiden.
3. Tomaten waschen, entkernen und würfeln.
4. Auf der Salsa verteilen.

Kürbiskern-Quark

Portionen: 4
Zubereitungsdauer: 20 Minuten

Zutaten:

- ✓ 500 g Quark
- ✓ 1 Bio-Zitrone
- ✓ 1 Bund Radieschen
- ✓ 3 EL Kürbiskerne
- ✓ 2 EL frische Kresse
- ✓ 2 EL Kürbiskernöl
- ✓ Salz
- ✓ Pfeffer

Zubereitung:

1. Radieschen waschen und in kleine Scheiben schneiden.
2. Kürbiskerne in einer Pfanne ohne Öl anrösten, bis sie duften.
3. Kresse waschen und klein hacken.
4. Zitrone heiß abwaschen und die Schale abreiben.
5. Alle Zutaten miteinander vermischen.

Erdnuss

Portionen: 4
Zubereitungsdauer: 10 Minuten

Zutaten:

- ✓ 150 g Erdnussbutter
- ✓ ½ Limette
- ✓ ½ Chilischote, rot
- ✓ Kleines Stück Ingwer
- ✓ 2 EL Ahornsirup
- ✓ Salz
- ✓ Pfeffer

Zubereitung:

1. Chili waschen, halbieren und von den Kernen befreien. In kleine Stücke schneiden.
2. Limettensaft über den Chili geben.
3. Ahornsirup und Erdnussbutter hinzufügen und gut zu einer Paste verrühren.
4. Bei zu fester Konsistenz ein bisschen Wasser dazugeben.
5. Ingwer schälen und klein reiben. Mit der Paste verrühren.
6. Mit Salz und Pfeffer abschmecken.

Honig-Frischkäse

Portionen: 4
Zubereitungsdauer: 15 Minuten

Zutaten:

- ✓ 300 g Frischkäse
- ✓ 60 g Cranberrys, getrocknet
- ✓ 25 g flüssiger Honig
- ✓ ½ Orange
- ✓ Pfeffer
- ✓ Salz

Zubereitung:

1. Frischkäse in eine Schüssel geben.
2. Cranberrys klein hacken.
3. Orange heiß abwaschen und die Schale abreiben.
4. Orange halbieren und die eine Hälfte entsaften.
5. Alle Zutaten mit dem Frischkäse verrühren.

Paprika-Walnuss

Portionen: 4
Zubereitungsdauer: 25 Minuten

Zutaten:

- ✓ 50 g Walnusskerne
- ✓ 3 EL Olivenöl
- ✓ 3 Paprikaschoten
- ✓ 1 EL Zitronensaft
- ✓ 1 EL Tomatenmark
- ✓ Paprikapulver, rosenscharf
- ✓ Pfeffer
- ✓ Salz

Zubereitung:

1. Paprika vierteln und entkernen.
2. Mit der Hautseite nach oben auf ein Backblech geben und bei 240 °C im Ofen grillen, bis die Haut schwarze Blasen zeigt.
3. Paprika abkühlen lassen und häuten.
4. Walnüsse grob hacken und in einer Pfanne anrösten.
5. Alle Zutaten miteinander in einen Mixer geben und pürieren.

Ajvar-Frischkäse

Portionen: 4
Zubereitungsdauer: 15 Minuten

Zutaten:

- ✓ 90 g Frischkäse
- ✓ ½ Paprika, rot
- ✓ 2 EL Milch
- ✓ 2 EL Ajvar
- ✓ Prise Schnittlauch
- ✓ Pfeffer
- ✓ Salz

Zubereitung:

1. Paprika waschen, entkernen und würfeln.
2. Alle Zutaten gut vermischen.

Marinaden

Rosmarin

Passt gut zu: Pilzen, Zwiebeln und Wurzelgemüse

Zutaten:

- ✓ 2 Knoblauchzehen
- ✓ 4 EL Olivenöl
- ✓ 1 TL Salz
- ✓ 2 TL Rosmarinnadeln
- ✓ 2 EL Balsamicoessig
- ✓ 2 TL Ahornsirup

Zubereitung:

1. Knoblauch schälen und fein hacken oder durch Knoblauchpresse pressen.
2. Alle Zutaten miteinander mischen.

Kräuter

Passt gut zu: allen Gemüsesorten, besonders Paprika, Tomate, Zucchini und Pilzen

Zutaten:

- ✓ 200 ml Olivenöl
- ✓ ½ TL flüssiger Honig
- ✓ 8 Stiele Thymian
- ✓ 3 Zweige Rosmarin
- ✓ 1 Knoblauchzehe
- ✓ 1 Bio-Zitrone
- ✓ Pfeffer

Zubereitung:

1. Rosmarin und Thymian waschen und die Blätter abzupfen. Danach zusammen mit dem Knoblauch fein hacken.
2. Zitrone unter heißem Wasser abwaschen und die Schale abreiben.
3. Zitronenschale und alle weiteren Zutaten vermischen und mit Pfeffer abschmecken.

Thymian-Chili

Passt gut zu: Feta, Halloumi

Zutaten:

- ✓ 1 TL Honig, flüssig
- ✓ ¼ Bund Thymian
- ✓ 1 TL Fenchelsamen
- ✓ 1 TL Koriandersamen
- ✓ Saft einer halben Zitrone
- ✓ Schale einer halben Zitrone
- ✓ 4 EL Olivenöl
- ✓ 2 Chilischoten

Zubereitung:

1. Chili waschen, halb schneiden, Kerne entfernen und fein hacken.
2. Thymian waschen und fein hacken.
3. Koriander und Fenchel in einem Mörser zerstoßen.
4. Alle Zutaten mischen.

Knoblauch-Balsamico

Passt gut zu: Zucchini, Aubergine

Zutaten:

- ✓ 4 EL Balsamico
- ✓ 3 EL Senf
- ✓ 4 Knoblauchzehen
- ✓ 1 Zitrone
- ✓ 150 ml Olivenöl
- ✓ 1 EL Sojasauce
- ✓ Chiliflocken

Zubereitung:

1. Knoblauch schälen und klein pressen.
2. Zitrone auspressen.
3. Alle Zutaten miteinander vermischen.

Chili-Honig

Passt gut zu: Tofu, Pilzen und Paprika

Zutaten:

- ✓ 4 EL Honig
- ✓ 1 Chilischote, rot
- ✓ 8 EL Sojasauce
- ✓ 3 EL Sesamöl
- ✓ 9 EL Olivenöl
- ✓ 2 TL Sambal Oelek

Zubereitung:

1. Chili halbieren und Kerne entfernen. Dann fein hacken und mit allen anderen Zutaten mischen.

Ingwer-Honig

Passt gut zu: Zucchini, Spargel, Aubergine

Zutaten:

- ✓ 2 EL Olivenöl
- ✓ 3 cm Ingwer, gerieben
- ✓ 50 g flüssiger Honig
- ✓ Saft einer halben Zitrone
- ✓ 1 TL Senf
- ✓ Bei Belieben: 2 cl Sherry

Zubereitung:

1. Alle Zutaten miteinander mischen.

Passt gut zu: Tofu

Zutaten:

- ✓ 1 Knoblauchzehe
- ✓ 140 ml Orangensaft
- ✓ 8 EL Reisessig
- ✓ 1 TL Sesamöl
- ✓ Salz
- ✓ Pfeffer

Zubereitung:

1. Knoblauch schälen und klein pressen.
2. Alle Zutaten miteinander mischen.

Fazit

Grille dein Gemüse... und Obst!

Ich würde mich sehr freuen, wenn du das Buch als Inspiration siehst, um mehr gesundes Gemüse und Obst an einem gemütlichen Grillabend zu genießen. Natürlich kannst du dir selbst noch Kombinationen ausdenken und je öfter du es machst, desto kreativer wirst du werden.

Es gibt doch nichts Gemütlicheres, als gemeinsam mit Freunden und Familie zu grillen und eine schöne Zeit zu verleben. Vieles kannst du ganz in Ruhe vorher vorbereiten und ebenso zu Grilleinladungen mitbringen.

Ich persönlich arbeite am liebsten mit einem Grillkorb. Das ist eine einfache und saubere Angelegenheit, gerade, weil die Alufolie so in Verruf geraten ist. Ich bereite alles tagsüber vor und binde da meine Kinder mit ein, die viel Spaß dabei haben, die Spieße zu kreieren. In den meisten Fällen habe ich das Gemüse vorher mariniert, wenn ich es einfach so auf dem Grill zubereiten will. Das gibt dem Ganzen noch eine sehr leckere und individuelle geschmackliche Note.

Ich wünsche dir viel Spaß beim Grillen und würde mich freuen, wenn wir uns irgendwo „wiedersehen“.

Deine

Carola Schürmann

Wie hat dir das Buch gefallen?

Wenn dir das Buch gefällt und du mich unterstützen möchtest, würde ich mich sehr freuen, wenn du mir eine positive Bewertung auf *amazon* schreiben könntest.

Weitere Bücher von Carola Schürmann

Salate und Kräuter für jede Jahreszeit. Saisonal essen & gesund bleiben. 80 leckere Rezepte und über 25 Dressings.

https://amzn.to/2UVkGLW

Moderne **Weihnachtsbäckerei**: Die besten 50 Rezepte: - glutenfrei, zuckerfrei, vegan und Rohkost. So geht backen heute!

https://amzn.to/3arArRG

Fermentation, Kombucha, Kefir, Milchsaures – Gesunde Lebensmittel selbst herstellen: DIY-Handbuch für Selbstversorger, Einsteiger und Liebhaber der bewussten Ernährung für eine bessere Darmgesundheit

https://amzn.to/2YktZbQ

Gesundheit auf der Haut. **Naturkosmetik** zum Selbermachen. *einfach *günstig *gesund

https://amzn.to/2Jqj2fW

Weitere Infos, Rezepte und Tipps gibt es auf dieser Webseite:

https://gesund-und-bunt.webnode.com/

Haftungsausschluss

Der Inhalt dieses Buches wurde mit großer Sorgfalt geprüft und erstellt. Für sämtliche Inhalte kann jedoch keine Garantie übernommen werden. Dies gilt weder für die Richtigkeit, Vollständigkeit noch Aktualität der Inhalte. Alle enthaltenen Informationen basieren lediglich auf der eigenen Meinung und persönlichen Erfahrung der Autorin. Der Inhalt darf keinesfalls als medizinische Hilfe gesehen werden. Für selbstverursachte Schäden und Fehlhandlung des Lesers wird daher keine juristische Haftung seitens der Autorin übernommen. Zudem garantiert die Autorin keinerlei Erfolge mit den im Buch erwähnten Informationen, da diese wie oben genannt nur auf persönlicher Erfahrung der Autorin basieren und lediglich als Unterhaltung dienen sollen. Gleichzeitig wird keine Haftung für die im Buch angegebenen Quellen und externen Webseiten übernommen. Für all diese Inhalte ist einzig und allein der jeweilige Webseitenbetreiber verantwortlich, weshalb die Autorin automatisch von einer Haftung ausgeschlossen ist.

Urheberrecht

Impressum

1. Auflage 2020

Kontakt: Carola Schürmann c/o Silke Siegel, Karl-Nahrgang-Str. 27, 63329 Egelsbach

Coverdesign: Tolle Aussicht Designs

Fotos: Unsplash

Printed in Germany
by Amazon Distribution
GmbH, Leipzig

26553410R00122